LIBRAIRIE DE MICHEL LÉVY FRÈRES
RUE VIVIENNE, 2 BIS

LE
CABARET DE LA GRAPPE DORÉE

COMÉDIE-VAUDEVILLE EN TROIS ACTES,
Par MM. EUGÈNE MOREAU et JULES DORNAY

MUSIQUE NOUVELLE DE M. EUGÈNE MONIOT

REPRÉSENTÉE POUR LA PREMIÈRE FOIS, A PARIS, SUR LE THÉATRE SAINT-GERMAIN, LE 10 MARS 1865

MISE EN SCÈNE DE M. PALMER. — DIRECTION DE M. EUGÈNE MONIOT

DISTRIBUTION DE LA PIÈCE :

LÉON DUVERNAY	MM. Paul Laba.	UN BOURGEOIS	Navarre.
BRICOGNE, maître d'école	Bosquette.	MADELEINE	Mmes Eva-Peely.
M. LAVOISIER	Palmer.	PRUNELLE	Allard.
CLAUDE BINET	Terral.	BABET LA CACOTTE	Cornélie.
LENDORMI	Robel.	FLEUR-DE-ROSIER	Rose Dupin.
VAUCANU	Ambroise.	UN PETIT-CLERC DE PROCUREUR	Georgette.
JOLICŒUR, garde-française	Courcelles.	PAYSANS, BOURGEOIS, GARDES-FRANÇAISES,	
BOUTON-D'OR	Perron.	CLERCS, GRISETTES ET PAYSANNES.	

La scène se passe sous Louis XVI : au premier acte, à Coulonges, près Nantua ; au deuxième acte, à Paris, au cabaret de *la Grappe dorée* ; au troisième acte, à Coulonges.

S'adresser, pour la musique, à M. Marius Boullard, et pour la mise en scène, à M. Pellerin, souffleur, tous deux au théâtre.

Nota. — Toutes les indications sont prises de la droite du spectateur.

ACTE PREMIER

Une place de village : à droite, la maison de Claude Binet ; l'entrée du moulin, au-dessus de la porte, une fenêtre praticable ; à gauche, aux premier et deuxième plans, la maison de Madeleine ; aux quatrième et cinquième plans, un mur avec grande grille s'ouvrant sur la cour des ateliers de M. Lavoisier ; au fond, le village en perspective.

SCÈNE PREMIÈRE

VAUCANU, LENDORMI, PAYSANS, puis BINET, puis BABET.

Les paysans entrent avec précaution. Tous sont armés de fusils.

CHŒUR.

Air : *J'ai faim* (ROTHOMAGO).

Approchons à pas de loups,
A faire feu que l'on s'apprête ;

Le signal de cette fête
Va réveiller les deux époux !

VAUCANU. Ça y est-il ?...

LENDORMI. Attends !.. mon chien ne va pas !.. (Il arme son fusil.) Là !.. Je suis armé !..

VAUCANU. Et tirez bien en l'air, surtout !.. N'allez pas nous saler les.. reins ! Une !.. deusse !.. troisse !.. (Ils déchargent leurs fusils l'un après l'autre.) En v'là d' l'ensemble !..

TOUS. Vivent les mariés !..

BINET, Paraissant à sa fenêtre. Qu'est-ce que c'est que ça ?.. Ah! bon !. J'y suis !.. (Un dernier coup de feu part.) Là !. Je parie que c'est Lendormi !...

LENDORMI, riant. C'est la faute à mon chien !

TOUS. Vive Binet !.. vive Madeleine !..

BINET. Merci les gars !.. Merci !.. Ne brûlez pas tout d'une seule fois !.. Maintenant laissez-moi me parer pour ma noce...

Je vas vous envoyer quelques pots de blanc, pour arroser vot' poudre. (Il disparaît en refermant la fenêtre.)

VAUCANU, regardant du côté de la fenêtre. Oh! la mariée ne s'est pas réveillée! (Ils déposent leurs fusils près des maisons.)

BABET, sortant de chez Binet en roulant un tonneau en scène. V'là vot' table!..

VAUCANU. Tiens!.. la Cacotte!.. La Babet! T'es d'jà l'vée, toi?

BABET. J' m'ai pas couchée!..

LENDORMI. Pourquoi donc?..

BABET, passant au milieu d'eux. Est-ce qu'il n'a pas fallu cuire pour le repas de tantôt.

VAUCANU. Ce sera donc joli?..

BABET. J'en réponds!. Quinze pains de huit livres...

LENDORMI. Et quoi qu'on mettra dessus?...

BABET, lui donnant une poussée. Oh! toi!.. Lendormi!.. on ne t'appellera jamais Laffamé!.. As pas peur!.. y aura de quoi mettre dessus!..

TOUS. Vrai de vrai?..

BABET. Toutes nos oies y ont passé, y a pu personne dans le village... Oh! les pauvres bêtes!.. y en a une qu' avait l'air de se douter de la chose... J'ai évu un mal à l'attraper... as pas peur... J' lons embrochée la première pour y apprendre...

TOUS, la bousculant. Oh! c'le Cacotte!.. grosse finaude, va!.. (Un garçon meunier vient déposer deux pots de vin et des gobelets sur le tonneau.)

BABET. Là!, V'là vot' vin!.. J'vas tourner mes oies!.. (Elle rentre dans le moulin. Tous les paysans se rangent autour du tonneau apporté par Babet.)

SCÈNE II

VAUCANU, LENDORMI, PAYSANS, puis BRICOGNE.

VAUCANU, versant à boire. N'empêche que Claude Binet est un gaillard fièrement chanceux.

LENDORMI. Ah! dà oui!.. que la Madeleine est un biau brin de fille... faudrait faire un fameux ruban de queue aux environs de Coulonges pour trouver sa pareille. (Ils boivent.)

BRICOGNE, arrivant se placer au milieu d'eux, La Vénus de Coulonges!.. rien que ça!..

VAUCANU. Quiens!,. V'là Brigogne!..

TOUS. Bonjour, Brigogne!

BRICOGNE, leur donnant la main. Bonjour, les pastoureaux... bonjour!..

LENDORMI, lui présentant un gobelet. Dis donc, toi, hé, le maître d'école... Veux-tu en vider un?..

BRICOGNE, prenant le gobelet. Ça n'est pas de refus!.. c'est le vin à Binet, que vous buvez là?...

VAUCANU. Pardine!.. Il fait tous les frais de la journée!..

BRICOGNE. Je les aurions bien faits aussi, moi, à ce prix-là! Ça m'aurait peut-être désensorcelé de mes treize mariages manqués!..

LENDORMI. Treize mariages manqués!...

VAUCANU. La Madeleine t'aurait plu pour le quatorzième?

BRICOGNE. Oui.. mais, vous comprenez... la protégée à monsieur Lavoisier... dix-sept ans!.. Une vraie vigne en fleur... pour se mettre sur les rangs... il fallait être autre chose que vous et moi...

VAUCANU. Avec ça que Claude Binet est un joli gars!

LENDORMI. Non, mais il a un moulin qui ne connaît pas le chômage!..

BRICOGNE. Oui... oui... On y va plus souvent qu'à mon école...

VAUCANU. Eh!... on en sait toujours assez pour pousser une charrue... ou sarcler sa vigne.

BRICOGNE. Aussi, pour dire adieu à tout ça, je n'attends qu'une chose... c'est que mon oncle Brizeux!...

LENDORMI. Brizeux, le tonnelier de Moureins-l'Écluse, c'est ton oncle?...

BRICOGNE. Mon propre oncle... le frère de défunt ma mère... et il n'a pas d'enfants... Je suis son héritier...

VAUCANU. T'as une veine, toi!...

BRICOGNE. Hé! dame!... Ça sera pour le moins... huit cents écus qui me reviendront... à sa mort... Je ne la lui souhaite pas... mais enfin!... Il est cassé... et plus un cheveu sur la tête... et il ne bouge pas de sa chambre... Enfin, il est ratatiné, tandis que moi... je sais bien ce que j'en ferais!...

LENDORMI. Quoi donc que t'en ferais?...

BRICOGNE. J'irais faire mon tour de France... je verrais Paris!...

TOUS. Oh! Paris!

BRICOGNE. Et Versailles!...

VAUCANU. Là oùs qu'est le roi.

LENDORMI. T' irais à la cour.

BRICOGNE, passant à gauche. Parbleu!... O mon oncle Brizeux... pourvu qu'il ne me déshérite pas...

VAUCANU. Tu ne vas jamais le voir?...

BRICOGNE. Je lui écris à sa fête et au jour de l'an.

LENDORMI. Tu sais donc écrire?

VAUCANU. Est-y bête, est-il gnolle ce Lendormi... Un maître d'école qui apprend à lire.

LENDORMI. Eh ben, s'il l'apprend!... c'est qu'il ne sait pas. (Tous rient.)

SCÈNE III

LES MÊMES, LAVOISIER.

LAVOISIER, sortant de chez lui. Comment, comment?... Déjà le verre en main?

LENDORMI. A vot' service, monsieur Lavoisier.

LAVOISIER. Merci! merci!

TOUS. Bonjour, monsieur Lavoisier.

LAVOISIER. Bonjour, bonjour mes gaillards... Ah! il paraît que la journée sera bonne!...

BRICOGNE. Mais dame!...

LAVOISIER. C'est bon! je ne vous le reproche pas. Au contraire... Ça me fait plaisir de vous voir en gaieté... parce que... c'est toujours bon signe... et ce mariage-là!... je veux qu'il soit heureux... Binet est-il levé?

VAUCANU. Nous avons déjà vu sa frimousse à sa lucarne quand nous l'avons salué à coups de fusil...

LAVOISIER, en entrant chez Binet. Très-bien... j'ai quelques petites recommandations à lui faire et je ne serai pas fâché de le voir!... (Il entre chez Binet.)

VAUCANU, rassemblant les paysans autour de lui. Moi, je suis pas jaloux de Binet, pas vrai... J'sis pas veuf, puisque j'ons jamais été marié...

LENDORMI. Eh ben, ousque tu veux en venir?...

VAUCANU. Qu'à la place de M. Lavoisier, c'est pas le meunier que j'aurais colloqué à Madeleine.

BRICOGNE. Pourquoi donc ça?

Air : *Ces postillons sont d'une maladresse.*

Il est vilain, Binet, il est colère,
Il est quinteux, il doit être jaloux!
Quand trop souvent il a vidé son verre
Un rien suffit pour le mettre en courroux.
Chacun le sait, il n'a pas le vin doux.
La danse n'est pas ce qu'il aime,
De cent défauts, enfin, il est pétri!
Mais à ça près, il pourra tout de même
Faire un très-bon mari (*bis*).

(Parlé,) Et il a des écus!...

VAUCANU. Celui-là que j'aurais donné à la petiote ne regarde pas à une pièce de vingt-quatre sous pour payer un broc et ça aurait mieux fait s'n affaire.

LENDORMI. Je gage mon couteau contre ton eustache que tu veux parler de M. Léon.

BRICOGNE. Le neveu de M. Lavoisier?

LENDORMI. Juste!

BRICOGNE. Mais, malheureux Lendormi que tu es, tu y en veux donc, décidément, à la Madeleine?

LENDORMI. Moi j'y en veux!

BRICOGNE. Est ce qu'il se mariera jamais, M. Léon?... Un mari!... lui!... Ah! ben, si je connais jamais celle qui aura le malheur de l'épouser, je n'aurai qu'un conseil à lui donner : tenez votre homme sous clé... et, en fait de femmes du beau sexe... ne lui laissez voir que les vieilles... et encore!... on ne sait pas de quoi il est capable!...

SCÈNE IV

LES MÊMES, LÉON.

LÉON, qui est entré pendant la tirade et a écouté. Bien obligé du portrait, mons Bricogne.

TOUS, se retournant, surpris. Ah!

LÉON, continuant. Il n'est pas flatté... mais il est ressemblant!

BRICOGNE. Monsieur Léon!...

TOUS. Monsieur Léon!...

LÉON. Ah! ah! on me reconnaît.

BRICOGNE. Dame... il n'y a que deux ans que vous êtes parti pour faire votre tour de France.

LÉON. Mon Dieu, oui... deux ans, et je les ai bien employés, je vous assure.

BRICOGNE, à part. Dire que je pourrais être comme ça... si mon oncle Brizeux...

LÉON. C'est bon, allez, de voir du pays, de se dégourdir...

BRICOGNE, allant à lui. Encore!... il me semble cependant...

LÉON. Ah bien, oui... à côté de vous autres... mais je n'avais pas fait dix heures que je sentais n'être qu'un villageois... un peu moins lourd... un peu moins naïf...

BRICOGNE, saluant. Merci de la naïveté.

LÉON. J'étais peut-être ici le coq du village... mais je vous certifie que le coq n'était plus qu'un pauvre poulet bien gauche, bien emprunté et partant bien timide; mais, grâce

aux leçons que j'ai reçues ça n'a pas duré longtemps!
Air du *Piége*.
Sur ma route j'ai tout jeté
Comme un bagage Inutile et nuisible,
J'ai perdu ma timidité
Avec mon air gauche et risible
J'ai tout appris!
BRICOGNE.
Non, non, vous riez,
Je ne puis pas croire, et pour cause,
Qu'en partant d'ici vous aviez
Encore à savoir quelque chose,
Qu'il vous restait à savoir quelque chose.
VAUCANU, aux autres. Gare à nos filles, alors!
LENDORMI. Bah! c'est l'affaire des papas et des amoureux.
LÉON. Maintenant que je vois n'être pas si changé qu'on ne me reconnaisse à première vue, je cours embrasser mon oncle. (Il se dirige vers la manufacture.)
BRICOGNE. Attendez, attendez, monsieur Léon!.., pas de ce côté.
LÉON. Comment, pas de ce côté? Vois-je pas la grille de l'avenue qui mène à la manufacture?
BRICOGNE. Si, mais monsieur votre oncle...
LÉON, vivement. Hein! mon oncle?..,
BRICOGNE N'y est pas!...
LÉON, avec un peu de crainte. Il n'y est pas?
BRICOGNE. Non!
LÉON. Et pourquoi?
BRICOGNE, désignant la maison de Binet. Parce qu'il vient d'entrer là.
LÉON. Ah! l'imbécile, il s'amuse à me faire peur!... Il est entré là? chez qui donc?
VAUCANU. Chez Binet.
LÉON. Le meunier?
LENDORMI. Juste.
LÉON. Est-ce que mon bon oncle porte lui-même sa farine au moulin?
BRICOGNE. Non... non, Dieu merci.., les ânes ne manquent pas ici... mais le moulin... les roues se croisent les bras aujourd'hui... Elles sont de la noce...
LÉON. De la noce?... (Les examinant.) Ah! c'est vrai!... Je ne remarquais pas... Vous êtes là en tenue des dimanches. Des bouquets... des rubans... qui donc se marie?...
BRICOGNE. Le meunier donc.
LÉON. Ah! le pauvre homme!..
BRICOGNE. Bon!.. Il paraît que les voyages ne vous ont pas appris à aimer le mariage.
LÉON. Le mariage!.. si vraiment.. je l'aime... pour les autres.. mais à celui qui m'y prendra pour mon compte... je promets.. tout ce qu'il voudra! nous avons encore trop de jeunesse dans le cœur pour songer à nous mettre sous l'éteignoir de l'hyménée.. Mais pour le Binet, c'est autre chose.. Il est du bois dont on fait les... maris.., Et qui donc a la chance?..
BRICOGNE. Vous voulez savoir qui?
LÉON, riant. Pour lui faire mon compliment.
LENDORMI, montrant la maison de Madeleine. V'là sa maison!
LÉON. Sa maison? la maison de la future?
BRICOGNE. Oui!..
LÉON. Mais, si je me souviens... Cette maison était celle du contre-maître de la fabrique...
VAUCANU. De Balandier... dà oui!..
LÉON. Mais alors... c'est Madeleine...
BRICOGNE. Qui épouse Binet.
LÉON. Madeleine!
VAUCANU, à Lendormi. Quiens!. ça a l'air de lui faire quelque chose.
LENDORMI. P'têtre ben!
BRICOGNE. Ah! mais, au fait, ça peut vous étonner... elle n'était qu'une enfant quand vous êtes parti.
LÉON. Oui... une enfant.. mais déjà toute charmante... des yeux!..
BRICOGNE. A enflammer des allumettes!
LENDORMI. Le fait est que ça vous aurait fait une gentille bonne amie.
VAUCANU. Hé qui sait?. peut-être ben une ménagère.
LÉON. Non!..; Oh! non!...
BRICOGNE. Tu n'as donc pas entendu ce que M. Duvernay disait tout l'heure?
LÉON. Non, j'admirais sa gentillesse... mais en faire ma femme!.. Oh! je ne poussais pas l'admiration si loin. (Il passe à gauche.)
BRICOGNE, aux paysans. Il tranche du Richelieu.
LÉON. Et qui donc a eu l'idée de cette belle union?..
BRICOGNE. Qui?.. Ah! parbleu, vous pouvez le lui demander à lui-même... le voici qui revient. (M. Lavoisier et Binet paraissent en causant à la porte du moulin.)

LÉON. Mon oncle!

SCÈNE V

LÉON, BRICOGNE, LENDORMI, VAUCANU, LAVOISIER, BINET, BABET, PAYSANS.

LAVOISIER, se retournant à la voix de Léon. Léon! (Ils se jettent dans le bras l'un de l'autre.)
BINET, à part. Le freluquet!
BABET. Monsieur Lion!..
VAUCANU, à Binet. V'là ton garçon d'honneur!
BINET, grognon. Pourquoi pas!
BRICOGNE, aux paysans.. Ça le renfrogne encore plus.
BINET, à Babet. Toi, la Cacotte, ma fille, ma femme a p'têtre besoin de tes services.
BABET. Je m'en y vas... not' maître. (Regardant Léon.) Il s'ra toujours l'coq!.. gu'y a pas! (Elle entre chez Madeleine.) il s'ra toujours l' coq!
LAVOISIER, à Léon. Te voilà donc, mauvais drôle!. hé saperlotte... les voyages ne t'ont pas nui... Tu as une mine superbe!
LÉON. C'est le plaisir de vous revoir, mon oncle!
LAVOISIER. Ma foi, je suis heureux de te revoir aussi... et tu arrives à propos.
LÉON. Ah! oui... Une fête.. un mariage!. Madeleine.
LAVOISIER, montrant Binet. Et je te présente son mari.
BINET, saluant. Serviteur, monsieur Duvernay.
LÉON. Bonjour, Binet.
LAVOISIER. Un brave garçon qui, je l'espère, rendra heureuse la chère enfant.
BINET. Tout de même, monsieur Lavoisier, que je m'en sentons capable... Je ne dirons pas que j'avons de l'amour... ça ne va plus guère à mon âge, mais g'ny a pas que ça qui rende heureux en ménage... et pourvu que ma femme soit une ménagère, comme je l'entendons... qu'all' s'lève drès le jour et se couche drès la nuitée... qu'elle ne s' laissions point prendre aux discours des enjôleux et aux séduisances d'la coquetterie, je ferons bon ménage ensemble.
LÉON, à part. Le rustre!
LAVOISIER. Je vous sais honnête homme, Binet, et je n'ai point hésité à vous confier la chère petite.
LÉON. C'est donc vous, décidément, mon oncle, qui mariez...
LAVOISIER. Et qui dotez Madeleine... ajoute, mon garçon... j'ai écorné ton héritage en sa faveur.
LÉON! Oh! ce n'est pas cela!...
LAVOISIER. D'autant que ton héritage, sans Balandier, le père de Madeleine, serait à cette heure à tous les diables.
LÉON. Comment?
LAVOISIER, aux paysans. Pas vrai, vous autres?
BRICOGNE. Sûrement... l'incendie y mordait ferme.
LÉON. Un incendie!
LAVOISIER. Ni plus ni moins!
LÉON. Diable!
VAUCANU. Au milieu de la nuit.
LENDORMI. Que tout le village dormait.
LAVOISIER. Sauf Balandier...
BINET. Qui a porté les premiers secours.
LAVOISIER. Et ne s'y est point épargné, le vaillant cœur... Aussi, en nous sauvant tous, il a été la seule victime.
LÉON. Se peut-il?...
BRICOGNE. Eh! mon Dieu oui... mais ce que votre oncle ne vous dit pas... c'est que Balandier a été soigné pendant sa maladie comme un vrai seigneur.
LAVOISIER. Je lui devais bien cela!... Pauvre homme!... il n'avait qu'un souci... Tenez, monsieur Lavoisier, me disait-il, je meurs, n'est-il pas vrai... comme un soldat... Ça me serait égal si je ne laissais derrière moi... une chère enfant.
BRICOGNE. Que vous lui avez promis de regarder comme votre fille...
VAUCANU. Sans compter que vous avez tenu parole.
LAVOISIER. Le beau mérite!... Le dévouement de son père l'avait faite orpheline... et j'aurais regardé à quelques sacs d'argent pour assurer son sort?... (A Léon.) Oh! vois-tu, beau neveu... je ne crois pas avoir jamais eu dans ma vie un devoir plus sacré. Tu m'approuves, n'est-ce pas?
LÉON. Comment donc, mon oncle!... (A part.) Seulement il aurait peut-être pu mieux choisir.
BINET. Là, maintenant que monsieur Léon n'a plus à se demander comment qu'il se fait que je m'trouvions à la tête d'une si jolie petite femme... faudrait voir à s'occuper de la *Carimonie*.
LAVOISIER. Un instant, un instant, vous oubliez le principal, Binet.
BINET, à part. Que non, que je ne l'oublions point, mais que j'étions bien sûr!... (Haut.) Quoi donc, monsieur Lavoisier?
LAVOISIER. La dot que vous devez toucher.

BINET. Oh! il n'y a rien qui presse!...

LAVOISIER. Alors, après...

BINET. Puisque nous avons le temps, maintenant.

LAVOISIER. Il n'y a rien qui presse; mais, le plus tôt vaut le mieux.

BINET. C'est pour vous obéir, monsieur Lavoisier.

LAVOISIER. Entrons chez moi.

BINET, aux paysans. Et vous, allez chercher vos femmes!...

VAUCANU. J'ai promis à la Fagon d'aller la qu'ri, et j'vas la qu'ri. Allons! en route!...

TOUS. En route!

CHŒUR.
Air : Polka des *Deux chiens de fayence.*
Il ne faut pas se faire attendre,
Le temps d'aller jusque chez nous;
Que la cloche se fasse entendre
A l'église nous serons tous.

(Les paysans s'éloignent de différents côtés; Lavoisier, Léon et Binet entrent dans la manufacture, Bricogne reste seul en scène.)

SCÈNE VI

BRICOGNE, seul. Il y en a peut-être qui ne seront pas de mon avis... mais, le père Lavoisier s'est un peu trop souvenu qu'il avait été maréchal-des-logis aux dragons du Luxembourg... Voilà un mariage qui a été bâclé à la dragonne...

SCÈNE VII

BRICOGNE, MADELEINE, BABET.

BABET, entrant, suivie de Madeleine. Là !... j' vous l'disions ben, mam'selle... C'nétait point la peine d'vous presser... y n'sont plus là!...

MADELEINE, allant à Bricogne. Bricogne, c'est vrai, ce que me dit la Cacotte?...

BRICOGNE. Quoi?... que monsieur Léon est de retour?... c'est vrai!...

MADELEINE. Il est revenu!...

BRICOGNE. Même qu'il est allé faire un bout de toilette pour vot'noce... et qu'il serait grandement temps que j'en fasse autant.

MADELEINE. Allez, allez, monsieur Bricogne! (A part.) Il est revenu!... quel bonheur!...

BRICOGNE, sortant en la regardant. J'en suis pour ce que j'en ai dit : Marier ce bijou-là à Binet, c'est une idée qui ne serait pas venue à un père.

BABET. Et moi, j'vas m'attiffer itou... j'ai core mon casaquin à repasser. (Poussant un cri.) Ah!

BRICOGNE, MADELEINE, se retournant. Quoi?

BABET. J'ai oublié de retourner mes oies!... (Elle rentre au moulin. — Bricogne sort par le fond.)

SCÈNE VIII

MADELEINE, seule. Comme c'est heureux qu'il soit arrivé juste pour ma noce!... ça lui fera plaisir... Il était si gentil, si bon pour moi!... et comme il dansait bien... et longtemps...

Air de l'*Herbagère.*
Quand le dimanch' tous les deux nous allions
Sur la plac' du village,
Nous dansions tant, qu'à la fin nous mettions
L' violoneux tout en nage.
Avec Binet, je ne crois pas avoir
Un danseur qui jamais n' se lasse,
Monsieur Léon, à la danse ce soir
S'il se lassait, prendra sa place.
Oui, s'il venait à se lasser,
Monsieur Léon me f'ra danser
Tant qu' j'aurai plaisir à danser,
Monsieur Léon m' f'ra r'commencer.

SCÈNE IX

MADELEINE, LÉON.

LÉON, sortant de chez son oncle. C'est elle!

MADELEINE, se retournant aux pas de Léon. Ah! monsieur Léon!...

LÉON. Madeleine!...

MADELEINE, courant à lui. C'est vous!

LÉON, la regardant, à part. Hé! Elle est devenue bien jolie!...

MADELEINE. Eh bien, c'est ainsi que l'on reçoit sa petite amie? Après deux ans d'absence!... on ne lui fait pas son compliment!

LÉON. C'est juste!... Il faut féliciter madame la mariée...

MADELEINE. C'est drôle, n'est-ce pas!... quand vous êtes parti, j'étais presque une enfant encore, et aujourd'hui!... oh! quel bonheur!... que vous soyez revenu! il me semble qu'un jour comme celui-ci... tous ceux qui vous aiment... doivent être là... Est-ce que vous saviez que je me mariais?... oh! non!... je suis bête, où l'auriez-vous appris?... C'est le hasard... il tombe bien... car ce n'est pas encore fini... Je suis

la petite Madeleine, ce matin... Vous ne seriez arrivé que tantôt... vous auriez été obligé de m'appeler madame. (Riant.) Madame! il me semble que je ne pourrai jamais me le dire sans me rire au nez. Enfin, on n'est pas obligée de s'appeler soi-même, pas vrai?... on se trouve toujours. Mais parlez-moi donc?... Est-ce que je ne suis plus votre petite Madelon d'autrefois?... Madelon, Madelinette, vous souvenez-vous?... vous me donniez un tas de petits noms... oh! vous ne me dites rien, vous êtes bien changé! moi je suis toujours la même... Appelez-moi Madelon, vous avez tout le temps de m'appeler madame.

LÉON, à part. Mon oncle ne le prendrait pas d'une façon commode... quelle jolie petite conquête cela ferait!...

MADELEINE. Ah! bien, si vous ne parlez pas... c'est que vous êtes fâché de me revoir... Je m'en vais!... (Elle fait un pas pour s'éloigner.)

LÉON, l'arrêtant. Reste! (A part.) Elle est décidément charmante... et penser que cet animal de meunier...

MADELEINE. Comme vous me regardez!...

LÉON. C'est que je ne pouvais me figurer que je te reverrais ainsi... Tu es à croquer!...

MADELEINE. Je n'étais donc pas gentille autrefois?... Vous me le disiez, cependant.

LÉON. Et je te le dirais bien encore!... mais monsieur ton mari...

MADELEINE. Mon mari?... Eh bien, qu'est-ce que cela fait?

LÉON. Il serait jaloux.

MADELEINE. Jaloux!... lui!... pourquoi ça?...

LÉON. Dame!... moi!... à sa place!...

MADELEINE. Ça ne serait pas la même chose!... D'abord il ne pourrait pas me rappeler nos gentils souvenirs!... tandis que vous!...

LÉON. Ces souvenirs!... Tu les as donc toujours présents?...

MADELEINE. Si je les ai!...

LÉON. Tous?...

MADELEINE. Tous!

LÉON. Nos joyeuses promenades...

MADELEINE. Bien loin!... bien loin!... et vous rappelez-vous, ce jour où le petit ruisseau était si gonflé par la pluie que pour passer, j'avais déjà ôté mes sabots... Mouiller tes petits pieds!... vous êtes-vous écrié!... Je n'avais pas eu le temps de tâter l'eau, que vous m'avez soulevée dans vos bras et... Oh! vous ne pourriez plus maintenant... Je suis plus lourde.

LÉON. Oui, mais je suis plus fort!

MADELEINE. Ah! c'est vrai!...

LÉON. Et le jour de ta grande peur?...

MADELEINE. Quelle peur?

LÉON. Ce grand troupeau de bœufs!...

MADELEINE. Oh! vous n'étiez pas déjà si rassuré, vous!...

LÉON. Moi!

MADELEINE. Certainement. Souvenez-vous, le chemin était si étroit... si étroit... que pour laisser passer ces pauvres bêtes qui nous effrayaient et ne s'en doutaient guère... il fallait se faire petit... petit... nous étions serrés l'un contre l'autre... Vous me teniez dans vos bras pour me protéger... et je sentais votre cœur qui battait... qui battait... Oh! vous aviez joliment peur aussi... vous!...

LÉON. Oui... mon cœur battait... mais ce n'était pas la peur... Tiens!... en ce moment, nous sommes près l'un de l'autre, nul danger ne nous menace... et... donne-moi ta main!... (Lui mettant la main sur son cœur.) Sens... sens... comme mon cœur bat...

MADELEINE. C'est vrai!... Oh! il va plus vite que not' coucou!

LÉON, lui entourant la taille de son bras. Tu vois bien que ce n'est pas la peur!... C'était la joie!... le bonheur!... L'amour!...

MADELINE. L'amour!

LÉON. Alors, comme aujourd'hui...

Air des *Charmeurs.*
Je me disais : Madelon
Est la plus charmante fille,
Il n'est dans tout le canton
Un pareil œil bleu qui brille.
Que plein d'un charme vainqueur,
Cet œil sur le mien s'arrête :
J'éprouve un trouble enchanteur
Je tremble et sens à ma tête
Monter le sang de mon cœur!
Et ta main dans la mienne...
   MADELEINE.
  Juste comme nous voici.
   LÉON.
  Qu'il t'en souvienne,
  Cela finissait ainsi :
Dans mes bras, je te pressais
Tendrement je te disais :
  Je t'adore!

MADELEINE.
Puis encore
Sur le front ..

LÉON.
Je t'embrassais !

(Il l'embrasse, Binet est paru au fond vers le commencement du couplet.)

SCÈNE X

LES MÊMES, BINET.

BINET, furieux, s'avançant. Jour de Dieu !... C'est trop fort !...

LÉON. Binet ! diable soit de lui !

MADELEINE, à Binet. Tiens !... Qu'est-ce que vous avez donc ?...

BINET. Ce que j'ai ?... L'entendez-vous !... Ah ! vous commencez bien !...

MADELEINE. Parce que M. Léon m'embrassait !

BINET. Mais !...

MADELEINE. Un ami !

BINET. Merci, de ma vie !... des amis... de ce calibre-là... on en a toujours assez dans son ménage...

LÉON. Ah ! çà, maître Binet !...

BINET. Oh ! pour vous, monsieur Duvernay... vous n'avez que faire l'ingénue comme cette petite coquette !

MADELEINE. Coquette !...

BINET, arrachant le chapeau et le voile de Madeleine et les jetant à terre. Otez-moi ce blanc chapeau... La petite affrontée !... Vous n'en ferez plus accroire à personne !...

MADELEINE. Oh !

LÉON, s'avançant sur lui menaçant. Ah ! si vous insultez Madeleine !... (Tous les paysans paraissent au fond.)

BINET. Là ! là !... Il ne me manque plus que d'être battu !... Croyez-vous que j'en serai plus content !...

SCÈNE XI

LÉON, BINET, LAVOISIER, BRICOGNE, VAUCANU, LENDORMI, MADELEINE, BABET, PAYSANS, PAYSANNES.

LAVOISIER, entrant vivement. Qu'est-ce que c'est, qu'est-ce qu'il y a ?... Binet furieux !... Madeleine pleurant !...

BINET. Il y a... il y a... Monsieur Lavoisier que vous pouvez reprendre vot' protégée et sa dot !...

TOUS. Comment !

BINET. Ah ! je me disais aussi... mais Binet... tu n'es ni beau... ni jeune... pourquoi donc est-ce qu'on te choisit ?... Quiens !... pardine !... les amours ed' not' neveu, faut qu'un oison les endosse... sarviteur !... Cet oison-là n'est pas dans not' basse-cour.

LAVOISIER. Mais, qu'est-ce que cela veut dire ?... Il est fou !...

LÉON. Eh ! sans doute !... nous étions là... Madeleine et moi...

MADELEINE. Oui... nous étions là !...

LAVOISIER, contrarié. Ah !

LÉON. Nous causions !...

MADELEINE. Bien gentiment !...

BINET. Trop gentiment !.. Pas besoin d'être si près... d'autant que vous parliez assez haut !.. pour que j'aie pu entendre !..

LAVOISIER. Quoi donc ?..

BINET. Suffit !.. Demandez-y leur !..

LÉON, à part. L'imbécile !.. Un tel scandale !.

BINET. J'avions fait tous les frais de la noce... je m'en moque !.. J'aime mieux les perdre !.. Le vin était tiré... la nappe mise...

BABET. Les oies en broche !..

BINET. Tu les débrocheras !.. plus de noce... plus de mariage !. Ah !.. je suis fou !. possible !.. pas assez cependant pour ne pas deviner la manigance ?.. Ah ! monsieur Lavoisier !.. c'est pas brave, je vous croyais pus droit que ça.

LAVOISIER. Ah ! vous commencez à m'échauffer les oreilles, maître Binet.

BINET. Comme vot' neveu !.. maître Binet ! soit !.. Je suis bien vot' valet.. je n'épousons plus la mijaurée !..

VAUCANU. En v'là un évènement !..

CHŒUR.

Air de l'Image.

Quoi, plus de mariage,
Jamais on n'a vraiment
Vu, dans notre village,
Pareil évènement.
Non, non, non, non,
Pareil évènement.

(Les paysans sortent de différents côtés, Babet et Binet rentrent au moulin.)

SCÈNE XII

LAVOISIER, LÉON, MADELEINE.

LAVOISIER. Voyons, voyons, Léon, Madeleine... Il faut m'expliquer...

LÉON. Mon oncle.

MADELEINE. Mais, dame... nous ne savons pas.. comme monsieur Léon vous a dit... nous étions là.. Ce vilain meunier est arrivé !.. il a crié... Il m'a arraché... mon chapeau et... vous avez vu le reste...

LAVOISIER. Mais, que diable !.. Il a fallu quelque chose pour le porter à un acte pareil ?.

LÉON. Quant à moi, je ne sais !... (A part.) Ça va trop loin !.. maudits souvenirs !..

MADELEINE. Ah ! voyez-vous... monsieur Léon !.. Il aura entendu quand vous me disiez : Madeleine, je t'aime !

LAVOISIER, à Léon. Tu disais ?..

LÉON. Je rappelais !...

MADELEINE. Oui... un jour d'il y a deux ans... mais il a pu penser que c'était d'aujourd'hui !.. moi-même.. en entendant votre voix... je me suis suprise à le croire... c'était comme votre baiser... Il était bien du moment... allez... je le sens encore...

LAVOISIER. Qu'est-ce que j'entends là !..

MADELEINE. Oh ! ne vous mettez pas en peine de mon mariage, mon bon monsieur Lavoisier.

LAVOISIER, à part. Elle l'aime !

MADELEINE. Je crois que cela vaut mieux comme ça !

LAVOISIER. Oui... peut-être, mon enfant ! entre un instant chez toi... Il faut que je parle à mon neveu !..

MADELEINE. Ah !

LAVOISIER. Oui !..

MADELEINE. Mais ne le grondez pas trop... parce que.. Claude... ça vous est égal, pas vrai !.. et moi... je ne suis pas fâchée.. oh ! mais, du tout.. du tout !.. (Elle rentre chez elle.)

SCÈNE XIII

LAVOISIER, LÉON.

LAVOISIER, à Léon. C'est mal !.. c'est très-mal !

LÉON. Mon oncle !..

LAVOISIER. Aviez-vous donc la coupable intention ?..

LÉON. Non !. oh ! non !. mais... si naive,! si confiante !.. Il y a en elle un charme, une séduction.

LAVOISIER. Il va chercher à me prouver que c'est lui qui a été séduit !

LÉON. C'est vrai, cependant.

LAVOISIER. Tâche de fourrer ça dans l'esprit de tous ces paysans qui vont croire...

LÉON. Quoi donc ?

LAVOISIER. Hé ! parbleu !.. tu le sais aussi bien que moi !. On incriminera mes intentions.. ce qu'on appelle mes bontés... ce n'est qu'une juste reconnaissance.,. cette dot même l'accuse !..

LÉON. Oh ! je cours leur dire à tous...

LAVOISIER. Reste !. A quoi répondras tu ?.. y a-t-il un seul mot de dit ?.. Ce fiancé même qui se croit outragé... il n'a que de vagues accusations... n'importe !.. la pauvre enfant n'en est pas moins compromise...

LÉON. Comment ! ces idiots-là seraient assez brutes pour refuser de croire à votre parole.. à la mienne ?.. Je puis être un écervelé... un étourdi !... mais, quand je dis une chose...

LAVOISIER. Elle est vraie !..

LÉON. Toujours..

LAVOISIER. Alors, quand tu as dit à cette petite que tu l'aimais, tu le pensais ?..

LÉON. En ce moment-là... oui.

LAVOISIER. Ah ! Eh bien, mon cher neveu, j'en suis fâché pour toi, mais puisque tu veux que l'on croie à ta parole... je suis tout porté pour être convaincu.

LÉON. Expliquez-vous, mon oncle !..

LAVOISIER. Es-tu bien certain d'une chose, toi ?

LÉON. Laquelle ?

LAVOISIER. C'est que toi n'étant point là.. ce mariage se serait accompli sans encombre ?..

LÉON. Je le crois.

LAVOISIER. Que Binet et tous les autres avec lui, voient en toi la cause de la rupture ?

LÉON. C'est probable !...

LAVOISIER. Que Madeleine passe à leurs yeux...

LÉON. Pour une honnête fille !... je le leur dirai !...

LAVOISIER. Prouve-le leur... Ça vaudra mieux.

LÉON. Comment ?...

LAVOISIER. En l'épousant !..

LÉON. Hein !... l'épouser...

LAVOISIER. C'est ton devoir !...

LÉON. Vous voulez que je m'enchaîne !...

LAVOISIER. Grand mot !.. aussi bête que possible... Ne faut-il pas toujours en venir là !..

LÉON. Oui... mais plus tard... J'ai le temps.

LAVOISIER. Tu as le temps ! tu as le temps !... On connaît tes fredaines, mon gaillard... en amour c'est comme en guerre... les campagnes... ça compte double !... Parbleu, je te conseille de faire la moue... Une petite femme charmante... Qui t'aime !...

LÉON. Qui m'aime !... qui m'aime !...

LAVOISIER. Ah ! je n'ai pas la prétention de te l'apprendre... Et puis... c'est sérieusement que je te dis cela... le père de Madeleine est mort pour moi !... J'ai juré de le remplacer... s'il était là... que te dirait-il !... Vous avez fait manquer le mariage de ma fille... Ce symbole d'innocence lui a été arraché par un brutal !... Il n'y a que votre main qui puisse, en le rattachant, prouver qu'elle était digne de le porter !... Il n'y a que vous qui puissiez faire dire : c'était une honnête fille, puisqu'il en fait sa femme !

LÉON. Comment, pour un mot !

LAVOISIER. Un mot qui perd tout un avenir !

LÉON. Il faudra...

LAVOISIER. Se montrer homme d'honneur... oui !... D'ailleurs, je le gagerais, c'est le mariage qui l'effraie...

LÉON. Eh bien... oui !...

LAVOISIER. Bah ! laisse-toi faire ! .. le mariage, vois-tu... c'est un fruit... dont il faut avoir goûté pour savoir ce que c'est... Ce n'est pas la même chose dans le verger du voisin... allons !... c'est une chose dite, n'est-ce pas ?... qui ne dit mot consent ?

LÉON. Consentir... mais je devais espérer...

Air : *Ce magistrat irrréprochable*
Certes, Madeleine est jolie,
Et sa beauté serait fort de mon goût.

LAVOISIER.
Épouse-la !

LÉON.
Quelle folie,
Dans une femme, on recherche avant tout,
L'instruction, les manières surtout.

LAVOISIER.
Alors pourquoi, pouvant la compromettre,
A ses défauts, n'avez-vous pas songé ?

LÉON.
Mon oncle !

LAVOISIER.
Assez ! je ne puis rien admettre
Quand votre honneur est engagé !
Non, vos raisons, je ne puis les admettre
Car votre honneur est engagé !
Oui, pour le sien, le vôtre est engagé !

LÉON. Mon honneur !... J'obéirai, mon oncle !

LAVOISIER. A la bonne heure !... Tu me remercieras, j'en suis sûr !... Et ce sera vite bâclé, va !... Tu vas le voir venir. (Il court agiter la cloche qui appelle les ouvriers au travail.) Ils n'ont pas eu le temps de se désendimancher... Le bedeau n'aura eu que faire d'éteindre les cierges... Je vais t'amener ta femme.

SCÈNE XIV

Les Mêmes, BRICOGNE, puis successivement VAUCANU, LENDORMI, BABET, Paysans, Paysannes.

BRICOGNE, accourant. Qu'y a-t-il donc, monsieur Lavoisier ?

LAVOISIER. Ah ! c'est vous, magister !... Annoncez la grande nouvelle !... Le mariage tient toujours ! (Il entre chez Madeleine.)

BRICOGNE. Le mariage tient toujours !...

VAUCANU, entrant. Bah !... qu'est-ce que tu dis ?...

BRICOGNE. Ce que M. Lavoisier lui-même...

VAUCANU à Lendormi et d'autres qui entrent. Ah ! vous ne savez pas, vous autres... Le mariage tient toujours !

TOUS, les uns aux autres. Le mariage tient toujours.

BABET. Comment, c'est remanicé ?... (Ils se parlent bas.)

LÉON, à lui-même. Ma parole d'honneur, je suis tenté de croire que je les dors !... Marié !... moi !... moi qui tout à l'heure encore leur disais... et marié avec cette petite fille !... Elle est jolie !... Elle est jolie !... S'il fallait épouser toutes les filles qui sont jolies !... et dont on peut croire... mon oncle vous mène ça, lui... Comment, j'ai promis... J'ai cédé !

BRICOGNE, aux paysans. Voulez-vous savoir mon idée ?...

TOUS. Oui... oui...

BRICOGNE. Monsieur Lavoisier aura doublé la dot !..

TOUS, les uns aux autres. C'est juste !... c'est probable !... pardine !

LÉON, à part, regardant les paysans. Vont-ils assez rire de moi !... J'ai une furieuse envie de me sauver !...

VAUCANU. Faut faire vos compliments à Binet.

BRICOGNE. Il les mérite bien !... (Ils se mettent tous sous la fenêtre de Binet.)

CHŒUR.
Air : *Au lever de la Mariée* (MAÇON)
On reparle mariage
Tout le village
Est sur pié
Pour rapporter son hommage
A monsieur le marié,)
A monsieur le marié ! } (ter)
Vive, vive le marié...)

SCÈNE XV

Les Mêmes, BINET à sa fenêtre.

BINET. Quoi ?... Qu'est-ce que ce tapage-là ?...

TOUS, reprenant le dernier vers du chœur.
Vive le marié !

BINET. Ah ! j'aime pas ces gausseries-là, moi !... j'suis un tantinet brutal.

VAUCANU. Comment ?... Il se fâche !

LENDORMI. Il a un mauvais caractère !

BABET. Mais, not maître, puisque vous r'épousez.

BINET. Moi !

BRICOGNE. Mais dame !... M. Lavoisier vient de nous le dire.

BINET. Qu'est-ce qu'il vous a dit ?...

BRICOGNE. Le mariage tient toujours...

BINET. Le mariage tient toujours ?...

TOUS. Mais oui !...

BINET. Eh ben... qu'il tienne... moi, je n'y tiens pas, v'là ce qu'il y a d' sûr !...

TOUS. Ah !

BRICOGNE. Ça n'est pas toi ?

BINET. Non, ma fine !... Et j' fais ben mes compliments à c'ti-là qui m'remplace.

TOUS, riant. Ah ! ah ! ah !

VAUCANU. Quiens ! non !... il a l'air trop affolé !...

LÉON, à part. Les brutes !... mon oncle a donc raison.

BABET. J'allions déjà rembrocher mes oies.

BINET. Débroche-les !...

SCÈNE XVI

Les Mêmes, LAVOISIER, MADELEINE.

LAVOISIER, entrant. Non par Dieu pas !... Eh bien, et la noce ! (Madeleine vient derrière lui suivie d'une paysanne et passe à droite en parcourant les groupes.)

TOUS. Il y a donc une noce !

LAVOISIER. Comment donc !

BINET. Ah ! c'est trop fort !...

LAVOISIER. Et Claude Binet peut bien nous céder son repas et ses violons, puisqu'il nous cède sa fiancée !

BINET. Ah ! j'crois ma fine ben !... (Il quitte sa fenêtre.)

LAVOISIER. A l'église, mes enfants, rien de changé dans le programme... le nom du marié, voilà tout... Effacer Claude Binet pour écrire...

TOUS, s'approchant. Qui donc ?... qui donc ?...

LAVOISIER. Eh ! parbleu !... monsieur Léon Duvernay.

TOUS. Monsieur Léon !...

BRICOGNE. Votre neveu !...

BABET. Quiens !... au fait !... Il lui devait bien ça, à c'te p'tiote !...

LAVOISIER, à Léon. Tu l'entends !...

BABET, à Madeleine. Nos compliments, la Madeleine... t'as ben fait de préférer monsieur Léon... car vrai, nout' maître... c'est pas un épouseur de belle graine.

BINET, qui vient d'entrer, s'approchant de Babet. Qu'est-ce que tu dis, toi, la Cacotte ?

BABET, lui faisant la révérence. J' faisions votre éloge, not' maître !...

BINET. J'peux bien être de la noce tout d'même, pas vrai !... Ah ! j'suis pas fier... moi... Ça m'est égal de ne pas avoir la première place...

LÉON, regardant Madeleine de loin. Marié !... moi !... elle me paraît laide !... (Bruit de cloche au loin.)

LAVOISIER. Allons, ne faisons pas attendre monsieur le curé !...

CHŒUR.
Air nouveau de M. Eugène Moniot.
Digue, dindon
L'heure approche,
Entendez-vous la cloche !
Digue, dindon !
A l'église rendons-nous donc
Digue, dindon.

(Tout le monde défile en répétant le chœur ; Bricogne les suit jusqu'au fond, mais s'arrête et redescend en scène en répétant les derniers mots du chœur.)

SCÈNE XVII

BRICOGNE, seul. J'ai l'air d'un homme fort comme ça... non, je ne parle pas du physique... je suis dix fois plus intelligent que ces busons-là... Eh bien... j'ai une faiblesse... Il m'est impossible à cette heure d'assister à un mariage... le matin... Je fais ma partie au repas et à la danse... mais le matin... Que si l'on m'en demandait la raison, je dirais : l'homme qui a eu treize mariages manqués, a treize motifs

pour un de ne pas aimer à voir les autres se marier... Voilà
où j'en suis... treize jeunes filles, et même il y avait des
veuves dans le nombre, ont décliné l'honneur de s'appeler
madame Bricogne...

Air : *Encore un quart'ron.*

J'en suis à ma treizième,
Ben sûr j' mourrai garçon ;
Si ma déveine extrême
M' fait rester... quel guignon !
Juste au d'mi quart'ron,
Tout d' même,
Juste au d'mi quart'ron.
Mais bath ! à moitié route,
Jamais s'arrête-t-on ?...
Il faudra qu' j'en ajoute
Pour faire un chiffre rond.
J'aurai mon quart'ron,
Sans doute,
J'aurai mon quart'ron.

Eh bien, cependant... cet hymen-ci... hymen, hyménée
comme on dit en beau langage... épousailles dans le vocabu-
laire de ces bonnes gens !... pique ma curiosité... Le marié
faisait une drôle de figure... Ah ! dame !... il y a un quart
d'heure, il ne s'en doutait pas !... Il parlait même avec une
certaine irrévérence du lien conjugal... et... pincé !... Si ce
cher oncle Brizeux... ça ne le fait pas mourir, n'est-ce pas ?...
je peux le dire !... Si ce cher oncle Brizeux me laissait les
huit cents écus de son héritage... je pourrais aussi pérégri-
ner... voyager... et qui sait si au retour, je ne serais pas
attendu par une fiancée tombée des nues !... (Coups de fusil au
dehors.) Bon !... c'est fini !... il n'y a plus à y revenir... (Regardant au dehors.) Tiens !... le marié !... tout seul !...

SCÈNE XVIII.
BRICOGNE, LÉON.

LÉON, entrant. Tout est dit !... Elle est ma femme !...

BRICOGNE. Pourquoi a-t-il quitté la noce ?...

LÉON. Mille pensées m'ont agité pendant cette cérémonie.

BRICOGNE, s'approchant. Faut-il adresser des félicitations à
monsieur le marié ?

LÉON, traversant la scène sans l'entendre. On ricanait !... on glo-
sait !... Ah ! si cela devait durer... cette situation serait into-
lérable !...

BRICOGNE, le suivant, à part. Mes félicitations n'ont pas l'air de
tomber à pic... Quel drôle de marié !

LÉON. Son honneur est sauf !... on ne peut rien exiger de
plus !... (Coups de fusil.)

BRICOGNE. Voilà votre noce, monsieur Léon !

LÉON, frappé d'une idée subite. Ma noce !... ah ! c'est un bon
tour à leur jouer !... Bricogne ?

BRICOGNE. Monsieur Léon.

LÉON. Voulez-vous me rendre un service ?

BRICOGNE. De quoi s'agit-il ?...

LÉON. Venez, venez... je vais vous le dire.

BRICOGNE. C'est que voilà la noce !...

LÉON. Raison de plus !... venez...

BRICOGNE. Comment !... il s'en va quand les autres ar-
rivent...

LÉON, l'entraînant. Venez donc !...

BRICOGNE, le suivant. Me voici !... quel drôle de marié ! quel
drôle de marié ! (Ils sortent.)

SCÈNE XIX
LAVOISIER, VAUCANU, LENDORMI, BINET, MADELEINE, BABET, Paysans, Paysannes, puis BRICOGNE.

CHŒUR.

Air d'*Hervé* (ON DEMANDE UNE LECTRICE).

Le oui conjugal
Est prononcé ! que le festin commence,
Il faut à la danse
Se préparer par un complet régal.

LAVOISIER, à Madeleine. Maintenant, petite Madeleine, personne ne peut te dire plus haut que ton nom.

MADELEINE. Oh ! mon père !... je me sens bien heureuse.

LAVOISIER, à part. Où diable est donc passé Léon ?

BINET. Le marché tient toujours, pas vrai, monsieur Lavoisier ?... je rentre dans mes débours ?...

LAVOISIER. Parbleu !

BINET, aux paysans. Les tables sont dressées, allons les chercher, nous autres. (Il sort avec quelques paysans.)

BABET, riant. Ah ! les oies doivent avoir un coup de feu !...
(Elle sort. — On entre chez Binet et on en sort des tables toutes dressées,
que l'on place au fond.)

MADELEINE. Où donc est mon mari ?... Pourquoi est-il sorti
si brusquement de l'église ?...

LAVOISIER. Je ne sais pas !... (A part.) Que peut-il être de-
venu ?...

TOUS. A table !... à table !...

VAUCANU. Eh ben !... et le marié ?...

TOUS. Le marié !... le marié !...

BRICOGNE, entrant. Le marié !... j'apporte de ses nouvelles.

LAVOISIER. De ses nouvelles ?...

BRICOGNE. A madame son épouse.

MADELEINE. A moi ?...

BRICOGNE. Je suis porteur d'un message pour madame Duvernay.

MADELEINE. Pour moi ?...

LAVOISIER. Quel air solennel ?... ah ! si les mariés ont déjà
des secrets ensemble... (Riant.) Respectons-les, mes amis...
(A part.) Quelque folie, sans doute. (Haut.) Monsieur l'ambas-
sadeur, accomplissez votre mission.

BRICOGNE, à Madeleine, à l'avant-scène. Vous savez lire, Madeleine... je ne vous le demande pas... je le constate... puisque
c'est moi qui..

MADELEINE. Qu'est-ce que vous voulez dire ?...

BRICOGNE, lui donnant une lettre. Lisez ces mots, griffonnés à la
hâte par votre époux... (A part.) Je crois être plein de dignité.

MADELEINE, tenant le billet. De lui !... il m'écrit !... c'est singulier... le cœur me bat... voyons... du courage... Lisons...
(Musique. — Lisant.) « Madeleine, je suis votre mari... ma
« liberté enchaînée sauvait votre réputation... j'ai dû obéir ;
« mais on ne peut rien exiger de plus. » — Que veut-il
dire ?... — « Je pars ! » — Ah ! — « Si je restais, je vous haï-
« rais peut-être ! » — Me haïr ! — « Contentez-vous d'être ma
« femme... de nom... » — De nom !... Eh ! bien !... est-ce
que j'ai autre chose à souhaiter ? — « Vous comprenez que
« je me crois parfaitement libre... on n'est sérieusement
« époux que lorsque l'on peut un jour embrasser ses enfants,
« et je vous défie bien de me donner jamais ce bonheur ;
« car, au moment où vous lisez cette lettre, je vous quitte
« pour toujours. — Pour toujours !... oh ! mon Dieu ! mon
Dieu !... (Elle chancelle. — On s'élance vers elle et on la fait asseoir
sur une chaise.)

TOUS. Ah !

LAVOISIER. Eh bien ! eh bien !... qu'y a-t-il donc, Madeleine !... (Lui prenant la lettre.) Mais que dit donc cette lettre ?...
(Il la lit.)

BABET. Ah ! c'te pauv' Madeleine !...

BINET. Elle tombe en faillance !... c'est moi qui suis chanceux de ne pas l'avoir épousée... J'hais les femmes à nerfs...

LAVOISIER, qui a lu la lettre. Parti !... je comprends... Le dé-
pit ! l'orgueil... tout cela a fait taire son amour !

BRICOGNE, aux paysans. Eh ben, mes amis... la noce tourne
au noir.

BINET. Et le repas qui me retombe sur le dos !...

LAVOISIER. Pauvre enfant ! je voulais son bonheur !

BABET, à Binet. Eh ben, et les oies, not'maître ?...

BINET. Mets-les en pots.. nous les mangerons cet hiver !...

BRICOGNE. Partir ! comme ça... avant la nuit !... ah ! c'est
égal ! c'est un drôle de marié.

ACTE DEUXIÈME

Un jardin de guinguette : tables, à droite et à gauche ; corps de
logis, à gauche, avec fenêtre et balcon au premier étage ; à
gauche, au cinquième plan, un puits ; à droite, le cabaret, porte
d'entrée au fond, surmontée d'une enseigne représentant une
énorme grappe de raisin dorée.

SCÈNE PREMIÈRE
JOLICOEUR, BOUTON-D'OR, GARDES-FRANÇAISES, BOURGEOIS, FLEUR-DE-ROSIER, GRISETTES, puis PRUNELLE. Au lever
du rideau, les tables sont garnies de bourgeois buvant. Les gardes-fran-
çaises dansent en chantant avec les grisettes.

Air de *la Fricassée.*

Chantons, buvons ! dans ce logis
Les jeux, les ris
Ont placé leur demeure,
A cette heure
En ce gai Paris,
Comme les chats tous les buveurs sont gris.

JOLICOEUR, dansant.

Fleur-de-Rosier, que dis-tu
D'un pareil jeté battu ?
A fricasser toujours prêt
Pour le jarret
Je suis le coq du cabaret.

REPRISE.

Chantons, buvons, etc.

(La danse cesse, les gardes-françaises entourent de leurs bras la taille des grisettes et vont s'asseoir aux table vides.)

LES BUVEURS. A boire ! à boire !

PRUNELLE, en dehors. Voilà ! voilà !...

JOLICŒUR, à Fleur-de-Rosier. Fleur-de-Rosier, que je passerais ma vie à danser la fricassée avec vous!

FLEUR-DE-ROSIER. Et pourquoi?...

JOLICŒUR. Parce que ça me permettrait de voir plus longtemps le velouté de votre joue.

FLEUR-DE-ROSIER. Voyez-vous ça!... (Prunelle entre, apportant du vin.)

BOUTON-D'OR. Par ici!... par ici!...

UN BOURGEOIS. J'ai demandé il y a une heure!

PRUNELLE. Voilà!... voilà!... un peu de patience... vous serez tous servis. (Elle sert les bourgeois attablés à gauche.)

LE BOURGEOIS. Gentille Prunelle, tu nous négliges pour l'uniforme?...

PRUNELLE. Mais du tout... par exemple!...

LE BOURGEOIS. Ce n'est pas pour rien que le corps respectable des gardes-françaises a achalandé ton cabaret, près de la Grange-Batelière!

PRUNELLE. Ce n'est pas pour autre chose que pour la mémoire de défunt ma mère... connue par sa facilité à multiplier pour ces messieurs les ardoises de crédit.

LE BOURGEOIS. Voilà qui fera joliment ta fortune.

PRUNELLE. Mais!... Oh! il ne faut pas croire que les gardes-françaises ne paient pas leurs dettes?... pas vrai, messieurs?...

JOLICŒUR, se levant. Hé donc!... que les ardoises ça se met en lieu sûr, pour être effacées quand le boursicot est garni... mais, que les coups d'épée... ça se donne comptant... au doigt et à l'œil pour les freluquets qui se permettraient de vouloir en conter à la petite cabaretière de céans...

PRUNELLE. Mais personne ne m'en conte...

BOUTON-D'OR, s'avançant. Personne!... Prunelle, que la rougeur elle est un index du croc-en-jambe... infecté à la vérité.

PRUNELLE. Est-ce que j'ai rougi?

JOLICŒUR, passant à gauche. Que la pivoine, dans le moment actuel, elle serait auprès de votre joue un véritable pain de blanc d'Espagne à astiquer nos buffleteries...

PRUNELLE. C'est ce que vous me dites, monsieur Jolicœur.

JOLICŒUR. Ce que je vous dis, Prunelle, c'est que je suis l'interprétateur de la compagnie ci-présente et absente... vu que nos opinions là-dessus, c'est le commandement de portez armes... Une, deux!... pas un nez qui dépasse les autres.

PRUNELLE. Oui... oui... vous m'avez dit : Prunelle, toi et ton cabaret, vous êtes sous ma protection...

BOUTON-D'OR. Immédiate!

PRUNELLE, imitant Jolicœur. Mais l'une et l'autre te seront intempestivement retirées le jour où le fils de Cypris aura vidé son carquois à ton détriment.

JOLICŒUR. Que puisque la mémoire, elle est immanquablement sûre et certaine...

PRUNELLE. Il n'y a pas de risque que je...

JOLICŒUR. Les risques... ils sont pour les papillons qui voltigent dans ces parages...

PRUNELLE. Quels papillons?...

BOUTON-D'OR. Prunelle, toutes les feintes nous sont usuelles; vous savez de qui nous voulons parler.

PRUNELLE. Vraiment non.

JOLICŒUR. Il en est deusse qui se permettent de tendre le jarret autour de vos charmes... et que si le plus mûr est à la tête d'un profil propice à exciter la risée publique.

BOUTON-D'OR. L'autre est un gaillard que l'uniforme lui sèyerait presque aussi bien qu'à moi... ce qui n'est pas peu dire.

PRUNELLE. Mais...

JOLICŒUR. Suffirit!... que nous aimons à croire que demain.

BOUTON-D'OR. Nous aurons vu...

JOLICŒUR. S'il n'y a pas une ou deux mailles d'échappées à la couture de leurs bas!

PRUNELLE. Mais...

JOLICŒUR. J'ai dit!

BOUTON-D'OR. Nous avons dit! (Ils remontent à leur table.)

LE BOURGEOIS, aux autres. J'espère que voilà une vertu bien gardée!

FLEUR-DE-ROSIER, à Jolicœur. Mazette! en voilà de la surveillance... Vous n'en feriez pas autant pour moi!

JOLICŒUR. Que la garde-française il ne perd pas son temps à des occupations infructueuses...

FLEUR-DE-ROSIER. Impertinent! (Bruit de voix au dehors. — Musique de scène.)

LE BOURGEOIS. Oh! oh! il y a du tapage dans la rue!

TOUS, se levant. Du tapage!

JOLICŒUR. Quelque petit clerc en goguette qui veut faire son talon rouge.

BOUTON-D'OR, allant regarder au fond. C'est une jeune fille...

TOUS. Une jeune fille...

BOUTON-D'OR. Aux prises avec des damoiseaux!...

PRUNELLE. Oh! comme ils la lutinent!

JOLICŒUR, se levant. Du sexe à protectionner semblablement.

BOUTON-D'OR. Ne te dérange pas... Elle accourt de ce côté...

<h2 style="text-align:center">SCÈNE II</h2>

LES MÊMES, MADELEINE, enveloppée dans une mante, puis QUELQUES PETITS CLERCS.

MADELEINE, entrant tout essoufflée, à Prunelle. Une femme!... ah! par grâce!... protégez-moi!...

PRUNELLE, lui désignant sa maison. Entrez là!

MADELEINE. Merci! (Elle sort vivement à gauche.)

JOLICŒUR. Calfeutrée comme une place forte... mais des pieds à serrer dans un fourreau de baïonnette.

FLEUR-DE-ROSIER. Vous avez déjà remarqué cela?

JOLICŒUR. Il n'y avait que cela de visible. (Quelques jeunes gens entrent en courant.)

LES CLERCS. Elle est ici! elle est ici!

PRUNELLE. Qu'est-ce que vous demandez, messieurs?...

UN PETIT CLERC. La charmante grisette qui nous a échappé...

PRUNELLE. Eh bien, mais si elle vous a échappé, c'est qu'elle ne tenait pas à rester avec vous!...

LE PETIT CLERC. Vraiment?... tu as trouvé cela toute seule... alors, puisque tu nous la caches... tu vas payer pour elle.

PRUNELLE. Hein?...

LE PETIT CLERC. A bureau ouvert!... (Il la prend par la taille et veut l'embrasser.)

PRUNELLE, lui donnant un soufflet. Fermé! plus de place!

LES SOLDATS, riant. Ah!

LE PETIT CLERC. Un soufflet de jolie femme... ça cuit... mais ça n'humilie pas... Seulement, on s'en venge!... (Il veut courir à elle. Jolicœur s'interpose.)

JOLICŒUR. Un instant!.. jeune cadet... que si vous tenez tant à cueillir des baisers... ma joue est un vrai parterre.

LE PETIT CLERC. Vous plaisantez, camarade!

JOLICŒUR, furieux. Camarade! que si vous aimez mieux que je me fâche, nous allons vraisemblablement vous jeter dehors.

LE PETIT CLERC. Allons donc!

JOLICŒUR. En chasse, les amis! Voilà des cocos qu'il s'agit de faire déguerpir.

LES SOLDATS. En chasse!... (Ils font mine de tirer leurs sabres, les petits clercs se sauvent, les soldats les poursuivent, suivis des bourgeois.)

CHŒUR.

Air des *Sept châteaux du Diable.*

LES SOLDATS.

Quittez-nous la place,
Trop amoureux compagnons,
Vite! en chasse! en chasse,
Où nous dégaînons.

LES CLERCS.

Nous donner la chasse
A vos chefs nous nous plaindrons,
Nous quittons la place,
Mais nous reviendrons.

(Sortie générale.)

FLEUR-DE-ROSIER. Voyons, qui est-ce qui court plus vite!... (Elles sortent. Prunelle remonte au fond.)

<h2 style="text-align:center">SCÈNE III</h2>

PRUNELLE, puis MADELEINE.

PRUNELLE, aux soldats qui sont disparus, criant : Ne leur faites pas de mal!... (Regardant au loin.) Ah! comme ils courent!... comme ils courent!...

MADELEINE, entr'ouvrant la porte du cabaret. Ils sont partis!...

PRUNELLE. Ah! c'est vous, mam'zelle... oui... oui... venez...

MADELEINE, entrant. Que je vous remercie... Ah! vous m'avez rendu un grand service...

PRUNELLE. Bah! pour un baiser... on n'en meurt pas... Tenez, vous êtes encore tout essoufflée... asseyez-vous là... (Elle lui présente une chaise.) et repreuez haleine tandis que je vais ranger un brin.

MADELEINE, s'asseyant. Ce n'est pas de refus, car je suis bien lasse.

PRUNELLE, rangeant les gobelets. C'est que, voyez-vous, le cabaret de la Grappe-Dorée est connu pour sa propreté, et dans ce moment... oh! ces gardes-françaises, ça met le désordre partout. (Elle va et vient, rangeant et transportant les pots vides dans le cabaret.)

MADELEINE. Le cabaret de la Grappe-Dorée!... oui... oh! quel heureux hasard!... car c'est bien ici!... oh! je me souviens... la lettre du maître d'école... ce bon Bricogne... Il ne se doutait pas, en donnant de ses nouvelles... qu'il me mettait enfin sur la trace de mon mari!... Mon mari!... Dame!... il faut bien que je lui donne ce nom... quoique... Et deux grandes années se sont écoulées déjà depuis ce mariage!...

Oh ! j'ai bien réfléchi... il m'aimait... je le crois... mais sans éducation... Aussi, depuis deux ans, j'ai bien travaillé... et quand je le reverrai... je pourrai lui dire : Regardez-moi, écoutez-moi, voilà ce que j'ai fait pour vous !

Air : Vaudeville de *la Haine d'une Femme.*

A ton départ, je savais déjà lire,
Mais je voulus en savoir plus encor,
Car je t'avais entendu dire :
Que la science est un trésor.
De ton retour en gardant l'espérance,
L'étude vint me consoler ;
De trop longs jours passés dans le silence,
Ont, tu le vois, chassé mon ignorance.
C'est en comptant les jours de ton absence, } (*bis*)
Que je m'appris à calculer.

Quand je le reverrai !... mot bien doux... mais pour le revoir, il faut que je le retrouve... Est-ce ici que je pourrai le retrouver ?... C'est probable, si Bricogne a voulu parler de lui... Ce compagnon qu'après la mort de son oncle Brizeux il a été si content de rejoindre... ce doit être Léon... oh ! je l'espère !... puisque le ciel m'a conduite tout droit au cabaret de la Grappe-Dorée où quelque chose l'attire, dit le maître d'école... quelque chose !... quelqu'un ! quelqu'une plutôt.

PRUNELLE. Là !... tout est rangé ; à ct'heure, causons !...

MADELEINE. C'est cela... causons !... (A part.) En causant, on apprend.

PRUNELLE. Comment ça se fait-il qu'une jeunesse gentille comme vous... s'hasarde seule ?... Vous n'êtes pas du quartier ?...

MADELEINE. Je ne suis même pas de Paris !

PRUNELLE. Bah ! il y a donc des gens qui ne sont pas de Paris ?

MADELEINE. Le voyage que j'ai entrepris a un but !

PRUNELLE. Ah !

MADELEINE. L'atteindrai-je ?...

PRUNELLE. Ça, je l'ignore !...

MADELEINE, à part. Comment savoir si elle connaît...

PRUNELLE. Vous trouverez des embûches... Il ne manque pas de galants comme ceux de tout à l'heure, et M. Jolicœur ne sera pas toujours là pour les mettre en déroute.

MADELEINE. Monsieur Jolicœur ?...

PRUNELLE. Le garde-française... qui a si bien houspillé...

MADELEINE. Ah ! votre amoureux, sans doute ?...

PRUNELLE. Non, c'est un de mes défenseurs : telle que vous me voyez, je suis la pupille des gardes-françaises. Ceux qui ne sont pas de garde font faction autour de moi pour éloigner les soupirants.

MADELEINE. Bah ! et les éloignent-ils tous ?...

PRUNELLE. Oh ! il y en a bien quelques-uns qu'ils ne voient pas !...

MADELEINE. Ah ! ah ! et il y en a beaucoup ?...

PRUNELLE. Dans ce moment-ci... pas trop... deux seulement...

MADELEINE. Deux ! comment ?... deux !...

PRUNELLE. Dame !... écoutez donc !...

Air du *Nécessaire* (PAUL BLAQUIÈRE.)
Comme on l' disait dans la famille
T'nir un cabaret, c'est gentil ;
Mais le t'nir seul, pour un' jeun' fille,
Ça n' manqu' pas d'un certain péril.
Les galants y viennent en masse
Avec leur langage fleuri...
Il n'est pas mauvais qu' dans la place
On puisse introduire un mari.
Oui, mais un mari,
On m'a dit aussi :
D'un' manière assez piquante,
C'est comm' pour le m'lou,
Pour en prendre un bon,
Faut choisir entre cinquante.

MADELEINE. Ah ! bien... je comprends... Donc... la gentille... votre nom ?...

PRUNELLE. Prunelle.

MADELEINE. La gentille Prunelle veut avoir de quoi choisir... et elle a...

PRUNELLE. Deux amoureux déclarés...

MADELEINE. Des soldats aussi ?...

PRUNELLE. Non !... oh ! non !... et quand je dis déclarés... c'est une façon de parler... Il y en a un... n'y a que ses yeux qui me disent quelque chose... Il n'ose pas... tandis que l'autre...

MADELEINE. L'autre... il ose ?...

PRUNELLE. Oh !...

MADELEINE. C'est peut-être celui qui vous aime le moins.

PRUNELLE. Possible !... et cependant... c'est celui que j'aimerais le mieux... D'abord... il parle... il parle même beaucoup... oh ! il est très-pressant...

MADELEINE. à part. Ce doit être lui !...

PRUNELLE. Et... dame !... les paroles... C'est plus engageant que les regards et les soupirs...

MADELEINE. Oui... oui... mais, prends-y garde... souvent le cœur n'est pour rien dans tous ces beaux discours.

PRUNELLE. Vous croyez ?... Ça se pourrait... Vous vous y connaissez sans doute mieux que moi !...

MADELEINE, à part. Hélas !... pas beaucoup plus !...

PRUNELLE. C'est qu'il a l'air si drôle, M. Bricogne.

MADELEINE, à part. Bricogne !...

PRUNELLE. Tandis que M. Léon...

MADELEINE, à part. Léon !...

PRUNELLE. Si vous le voyiez... Il vous a des yeux...

MADELEINE, à part. Oui... oui... je les connais...

PRUNELLE. Et une voix...

MADELEINE, à part. Je l'entends toujours !...

PRUNELLE. Oh ! non !... tout ça ne peut pas mentir !...

MADELEINE. Peut-être !...

PRUNELLE. Ah ! mon Dieu !...

MADELEINE. Veux-tu le savoir ?...

PRUNELLE. Je ne demande pas mieux !...

MADELEINE. Eh bien... Si M. Léon revient te parler de son amour...

PRUNELLE. Oh ! il viendra !... Il vient tous les jours... avec son ami... celui qui ne parle pas... C'est son heure, même.

MADELEINE, lui tendant une lettre. Prends cette lettre.

PRUNELLE. Cette lettre ?...

MADELEINE. Donne-la lui... Il la lira... et si en la lisant, tu le vois troublé...

PRUNELLE, prenant la lettre. Troublé !...

MADELEINE. C'est qu'il te trompe... C'est que ses intentions... sont perfides... et qu'alors il vaudra mieux écouter l'autre.

PRUNELLE. L'autre !... l'écouter ?...

MADELEINE. Oui.

PRUNELLE. Mais puisqu'il ne parle pas.

MADELEINE. Il parlera...

PRUNELLE. Pas si bien que... Alors, il faut lui remettre cette lettre !...

MADELEINE. A un moment donné...

PRUNELLE. Oui... je comprends... par exemple, quand il voudra m'embrasser ?...

MADELEINE. Il voudra...

PRUNELLE. Dame !... Ça ne serait pas la première fois...

MADELEINE. Qu'il demande ?...

PRUNELLE. Il ne demande pas toujours...

MADELEINE. Il prend sans demander...

PRUNELLE. Un baiser... c'est si vite pris... on n'a pas le temps de crier : gare ! (Bruit au fond.)

MADELEINE. J'entends du bruit !...

PRUNELLE. Eux, sans doute ! (Elle remonte vivement au fond.) Oui !..

MADELEINE, à part. Le cœur me bat !... (Haut.) Je te laisse... N'oublie pas...

PRUNELLE. La lettre ! oui... (Madeleine sort à gauche.) Cependant... si... ça doit le troubler... Il vaudrait peut-être mieux... Ah ! bah ! Je n'en risque rien !... Il m'aime ! (Léon et Bricogne paraissent au fond.)

MADELEINE, entr'ouvrant la porte. C'est bien lui !...

SCÈNE IV

PRUNELLE, LÉON, BRICOGNE.

BRICOGNE, entrant en poussant un énorme soupir. C'est elle !... encore plus jolie !... Ah !

PRUNELLE. Là !... voilà déjà un soupir... J'ai renoncé à les compter !...

LÉON, à Prunelle. Bonjour charmante Prunelle !...

PRUNELLE. Bonjour monsieur Léon !... (A part.) Charmante Prunelle !... Quand on parle si bien... On ne peut pas mentir.

LÉON, allant à Bricogne. Eh bien, voyons, Bricogne... Est-ce que vous allez rester comme ça ?...

BRICOGNE. Mon cher ami... quand... je la vois... je ne la vois plus... je ne trouve plus rien...

LÉON, à part. Un rival tel que lui n'est guère à craindre !...

PRUNELLE. Qu'est-ce qu'il faut servir à ces messieurs ?...

LÉON. Ta présence !... ta grâce et ton doux sourire...

BRICOGNE. Là !... j'allais le dire... Il a une telle volubilité...

PRUNELLE. Mais il faut...

LÉON, la retenant par la main. Rester !... (Regardant la main de Prunelle.) Oh ! les jolis petits doigts mignons... (Il lui baise le bout des doigts.)

BRICOGNE. Là !... Juste ce que j'allais faire... Il est tellement vif !...

LÉON. Dire que cette menotte si fine... si déliée est réduite à servir de grossiers buveurs !...

PRUNELLE. Vous vous en plaignez ?...

BRICOGNE, s'avançant vivement. Oh! non!... Car sans cela!...

PRUNELLE. Ah! il parle... Continuez donc... Ça commençait si bien...

BRICOGNE, la bouche ouverte. Hein?...

LÉON. Voyons, voyons, Bricogne... Vous savez ce que je vous ai dit...

BRICOGNE. C'est cela... tâchez que mon quatorzième ne manque pas... parlez pour moi...

PRUNELLE. Comment?

BRICOGNE. Parlez pour moi!...

LÉON. Devant vous?

BRICOGNE. Dame!...

LÉON. Ça vous générait...

BRICOGNE. Pourquoi ça...

LÉON. Dire du bien des gens devant eux... les faire rougir... reculez-vous un peu. (A Prunelle.) Et toi, ma charmante, écoute-moi...

PRUNELLE. Vous entendre parler d'un autre...

LÉON, bas, avec feu. D'un autre! non!... de moi!... de moi!...

PRUNELLE. A la bonne heure!...

LÉON. Mais... je lui ai promis... Il faut que je tienne parole, il t'aime, vois-tu, comme un fou! Et c'est bien naturel!

Air: *le beau Lycas aimait Thémire.*

Qui peut demeurer insensible
En regardant ce front charmant.

BRICOGNE.

Pas moi!

LÉON.

Cette taille flexible
Qu'une main tiendrait aisément.

BRICOGNE, tirant Léon par le pan de son habit.

Soyez chaud!

LÉON.

A ce charme extrême.

BRICOGNE.

Bien chaud.

PRUNELLE.

Laissez-nous donc.

BRICOGNE.

On m'aime!

Ça marche!

LÉON.

Il m'a suffi d'un jour
Pour sentir mon cœur plein d'amour.

BRICOGNE.

Votre!...

LÉON.

D'honneur, j'en perds la tête.

BRICOGNE.

C'est moi!...

LÉON, se reprenant.

Oui, voilà sans mentir
Ce qu'à toute heure il me répète.
(A Bricogne.)
Vous ne me laissiez pas finir.

BRICOGNE, parlé. C'est juste. (Chantant.)

Je ne le laissais pas finir.

PRUNELLE, à Bricogne. Vous nous dérangez toujours!...

BRICOGNE. J'ai tort!... j'ai tort!...

LÉON. Occupez-vous à quelque chose!

BRICOGNE. A quoi?...

PRUNELLE. Tenez, tirez de l'eau!...

BRICOGNE. Hein?... que je...

PRUNELLE. Ça m'évitera la peine!...

BRICOGNE. Pour vous!... oh! pour vous... Prunelle... je mettrais le puits à sec... (Allant au puits.) Un maître d'école... ah! Denys à Corinthe! (Il tire de l'eau au puits.)

PRUNELLE, à Léon. Continuez, continuez... c'était si gentil...

LÉON, bas. Pour lui?...

PRUNELLE, malignement. Si vous avez promis?...

LÉON, avec chaleur. Ces promesses-là, les tient-on?... C'est comme toi... tu m'avais promis...

PRUNELLE. Quoi donc?

LÉON. De m'écouter!...

PRUNELLE. Eh bien!... qu'est-ce que je fais?...

BRICOGNE. C'est fatigant!...

LÉON. Oui... mais... c'est seuls... tous les deux...

PRUNELLE, montrant Bricogne en hochant la tête. Il ne compte pas, lui!

LÉON. Sans doute!... mais on peut venir à chaque instant!... ces soldats!...

BRICOGNE, décrochant son seau d'eau et le posant à terre. En voilà un!...

LÉON ET PRUNELLE, surpris. Hé!...

BRICOGNE. Voilà un seau.

PRUNELLE. Tirez-en un autre!... (A part.) Est-il ennuyeux!...

BRICOGNE, à part. Ça l'intéresse! elle m'aime!.. elle m'aime!

LÉON. Vois-tu bien!

BRICOGNE. O mon oncle Brizeux!... que je bénis tes huit cents écus!

LÉON à Prunelle. Il faut absolument que ce soir...

PRUNELLE. Ce soir!...

LÉON, désignant le corps de logis de gauche. Là!... je pourrai te parler sans craindre à chaque instant d'être interrompu... je pourrai te dire tout ce que l'amour m'inspire!...

PRUNELLE. L'amour!...

LÉON. Doutes-tu du mien?...

PRUNELLE, lui présentant la lettre de Madeleine. Je ne sais pas.

LÉON. Qu'est-ce que cela?...

PRUNELLE. Lisez!

LÉON. Que veut dire?... (Prenant la lettre.) Oh! la rusée ingénue... c'est d'elle... elle n'ose pas parler... elle écrit!...

PRUNELLE, passant à gauche, à part. Jusqu'à présent, ça ne le trouble pas, au contraire!...

BRICOGNE, au puits. Il est trop plein!... est-il lourd!...

LÉON, qui a décacheté la lettre, poussant un cri. Ah!

BRICOGNE, lâchant la corde du puits. Hein!... Bon! v'là le machin au fond.

LÉON, à lui-même. De mon oncle!...

PRUNELLE, à part. Il s'est troublé!...

BRICOGNE, venant à Léon. Qu'est-ce que c'est?... (Allant à Prunelle.) Une lettre.

PRUNELLE. Que j'ai remise à monsieur!...

BRICOGNE. Pour moi!... et il la lit... ah çà! mais... (Il va près de Léon.)

LÉON. Laissez!... laissez!...

BRICOGNE. Il est étonnant, ma parole!... il est étonnant!...

LÉON, lisant bas. Ta femme est charmante!... — Ma femme!... ah! dame! oui... ma femme!—tu ne la reconnaîtras pas.—Tant mieux! — Ses défauts... tu sais... disparus! — Tant pis! — Aussi est-elle choyée, fêtée, adulée. Elle supporte très-bien ton absence! — Ah! — Et au dernier bal du village... elle a eu l'honneur de danser toute la soirée avec le fils du bailli... — (Froissant la lettre.) Eh bien! qu'est-ce que cela me fait!...

BRICOGNE. Mais, ça n'a pas de nom!... (A Prunelle.) Que lui avez-vous donc écrit?...

PRUNELLE. Moi!...

LÉON. Et quelquefois... je sentais comme un remords.... imbécile!... ah! elle a dansé avec le fils du bailli!...

BRICOGNE, à Léon. Mettez-moi donc au fait!... ça a l'air de marcher!...

LÉON. Elle a dansé avec le fils du bailli!...

BRICOGNE. Bah!... (A Prunelle.) Vous avez dansé avec le fils du bailli?

PRUNELLE. Qu'est-ce que vous dites!... (A part, regardant Léon.) La petite dame avait raison!... quel malheur!...

LÉON. Oh! mais... ai-je besoin de me chagriner!... toutes les folies que je pourrai faire sont absoutes d'avance; je vais répondre à mon oncle!... madame s'amuse!..amusons-nous!

ENSEMBLE.

Air des *Barbettes.*

LÉON.

Dans ses torts, je prends mon excuse
Elle danse! eh bien, j'en suis content!
Morbleu! quand la femme s'amuse
Un mari peut bien en faire autant!

PRUNELLE.

Il se tait, je reste confuse!
Je faisais donc mal en l'écoutant.
Pauvre fille! comme on s'abuse!
Quand on veut croire à l'amour constant.

BRICOGNE.

Sa conduite n'a pas d'excuse,
Il se tait, et me voilà restant
Auprès d'elle comme une buse
Dans un mutisme compromettant.
(Léon sort vivement.)

BRICOGNE. Eh bien!... eh bien!... il s'en va!...

PRUNELLE. Oh! mais j'ai peur!... courez donc!...

BRICOGNE. Que je coure!... mais votre seau...

PRUNELLE. C'est vous...

BRICOGNE. Moi!...

PRUNELLE. Qui répondez de ce qui peut arriver!...

BRICOGNE. Ah! bien!... elle est émue!... il a bien parlé!... elle m'aime! elle m'aime!... (Il sort en courant.)

SCÈNE V

PRUNELLE, MADELEINE.

MADELEINE, paraissant. Je n'entends plus rien... (A Prunelle.) Eh bien?...

PRUNELLE. Parti!

MADELEINE. Parti!

PRUNELLE. Furieux de la lettre que vous m'avez donné... Qu'est-ce qu'il y avait donc dedans?

MADELEINE. Parti! mon Dieu!... ai-je été trop loin!...

PRUNELLE. J'ai eu tort!

MADELEINE. Mais non!...

PRUNELLE. Mais si!... car ce qu'il me demandait... j'aurais pu le lui refuser... et il serait toujours là... ne fût-ce que pour le demander encore...

MADELEINE. Ah! que te demandait-il donc?...

PRUNELLE. Un rendez-vous.!

MADELEINE. Un rendez-vous?...

PRUNELLE. Oui... ce soir!...

MADELEINE. Tu aurais consenti?...

PRUNELLE. Non!

MADELEINE. C'est bien!

PRUNELLE. Non!... c'est mal, nous serions peut-être sûres qu'il reviendrait!

MADELEINE. Oh! il reviendra!...

PRUNELLE. Ça ne fait rien... je refuserai!...

MADELEINE. Bien!...

PRUNELLE. Ça me fera de la peine... parce que... sa voix émue... ses regards... mais... il s'est troublé... c'est un trompeur!... oh! je refuserai...

MADELEINE, à part. Quelle idée!... (Haut.) Non, au contraire.

PRUNELLE. C'est vous qui me dites?...

MADELEINE. D'accepter... oui...

PRUNELLE. Ah! comment?... je devrai...

MADELEINE. Me céder ta place!

PRUNELLE. Bah!...

MADELEINE. J'ai besoin de rester quelques jours à Paris!... il me faut un logement... je prends le tien... et si le trompeur te demande de nouveau...

PRUNELLE. Oh! il me demandera!...

MADELEINE, à part. Le ciel l'entende...

PRUNELLE. Mais, s'il vous dit à vous...

MADELEINE. Quoi?

PRUNELLE. Ce qu'il me disait à moi...

MADELEINE, à part. Je ne demande que cela...

PRUNELLE. Qu'est-ce qui vous défendra?...

MADELEINE. Un souvenir.

PRUNELLE. Ah! je sens que ça ne me défendrait guère.

MADELEINE. Toi... chère enfant!... C'est possible!... mais moi... Tiens!... en ôtant ce mantelet... nos costumes sont à peu près semblables... et dans la nuit!...

PRUNELLE. Dans la nuit!... Vous n'aurez pas peur?...

MADELEINE. Non!

PRUNELLE. Mais c'est que Jolicœur et les camarades vont revenir avec le couvre-feu.

MADELEINE. Eh bien?... Qu'est-ce que je risque?... puisqu'ils te protégent... Ils me protégeront.

PRUNELLE. Ah! contre lui!... leur protection ne peut pas grand chose!

MADELEINE. Allons va! va!...

ENSEMBLE.

Air du *Pré aux Clercs*.

MADELEINE.

Ton rôle s'efface
A l'heure où le mien
Me donne ta place.
Enfant!... ne crains rien!

PRUNELLE.

Mon rôle s'efface,
Mais je voudrais bien
Conserver ma place
Dans cet entretien.

(Prunelle sort à droite.)

SCÈNE VI

MADELEINE, puis JOLICŒUR, BOUTON-D'OR, GARDES-FRANÇAISES, GRISETTES.

MADELEINE. Tout va bien!... Ah! monsieur mon mari!... C'est votre femme qui vous entendra!... Vous ne vous sauverez pas cette fois... Vous ignorerez que c'est elle!...

LES GARDES-FRANÇAISES, entrant en chantant.

Dans les gardes-françaises!

JOLICŒUR. Prunelle! Prunelle!...

MADELEINE, gaiment. Absente, messieurs les militaires!

JOLICŒUR. Absente!

MADELEINE. Oh! ne craignez rien!... Un petit service que je l'ai priée de me rendre... et je suis là pour la remplacer.

BOUTON-D'OR. Aussi gentille, sur ma foi!

MADELEINE. Je vais vous servir.

JOLICŒUR. Bravo, jeune campagnarde, et pour te faire faire connaissance avec nous, nous t'apprendrons la ronde du cabaret de *la Grappe-Dorée*.

TOUS. Bravo! bravo!...

MADELEINE. Je vais vous tirer du frais! (Elle sort à droite.)

JOLICŒUR à Bouton-d'Or. Hé! hé! Est-ce que vous croyez à ce petit service que la colombe ci-absente est censée rendre à la tourterelle ci-présente?

BOUTON-D'OR. Pourquoi pas?...

JOLICŒUR. Bouton-d'Or, que ta confiance fait honneur à ton ingénuité... mais que ton ami Jolicœur est plus coriace à l'endroit de la crédulité vis-à-vis du sexe volage.

BOUTON-D'OR. Allons donc!

JOLICŒUR. Les tourtereaux qui roucoulent autour d'elle auraient pu faire battre ce petit cœur!...

BOUTON-D'OR. Tu crains?...

JOLICŒUR. Que c'est fragile l'innocence!... mais que nous veillerons pour empêcher...

BOUTON-D'OR. Tu veux?...

JOLICŒUR. Tenir jusqu'au conjungo de la donzelle, la promesse faite à notre vieille Gertrude à qui que nous avons dit, quand elle a pris son billet de logement pour le royaume des ombres : Fermez en paix vos vieux yeux, mère Gertrude. La vertu de Prunelle... c'est une fleur délicate que nous tiendrons à égale distance du souffle aimable du zéphyr et des bourrasques orageuses de l'aquilon!...

MADELEINE, entrant avec des gobelets et des pots qu'elle place sur une table. Voilà, messieurs! Versez! buvez... et chantez? (On verse à boire.)

JOLICŒUR. Versons!

TOUS. Buvons!... (Ils boivent.)

BOUTON-D'OR. Et chantons?

RONDE.

Air nouveau de M. EUGÈNE MONIOT.

FEUILLE DE ROSIER.

Aux portes de Paris,
La cité des merveilles,
Paré de vertes treilles,
Et de gazons fleuris,
Il est un cabaret
Où le bonheur s'épanche,
Où l'on vient le dimanche
Boire le vin clairet.
Suivez tous le conseil
Que vous donne à l'entrée,
Cette grappe dorée
Qui miroite au soleil.

CHŒUR.

N'allez pas (*bis*)
N'allez pas aux porcherons,} (*bis*)
Gais lurons.

BOUTON-D'OR.

DEUXIÈME COUPLET.

Dans ce gai cabaret
Le peuple et la noblesse,
Boivent souvent l'ivresse
Au même gobelet.
Le désir y conduit
Hommes de toutes sortes,
Le plaisir est aux portes
De ce charmant réduit.
On y voit nos soldats,
Ces chœurs pleins de vaillance,
Qui trinquent à la France
En chantant leurs combats.

CHŒUR.

N'allez, etc.

(La nuit commence à venir.)

JOLICŒUR.

TROISIÈME COUPLET.

Ce roi des cabarets
Vous fait aimer la vie,
Si l'hôtesse est jolie,
Le vin est toujours frais.
Ce bon vin, gai trésor,
Coulant en abondance
Vous invite à la danse,
Où l'on s'enivre encor
Des regards si malins
Lancés par nos grisettes
Qui jettent leurs cornettes
Par-dessus les moulins.

CHŒUR.

N'allez pas, etc.

REPRISE.

N'allez pas, etc.

BOUTON-D'OR. Maintenant, buvons au cabaret de *la Grappe-Dorée*.

BOUTON-D'OR. Ah! ah! Phœbus est au dortoir!

JOLICŒUR. Permis à lui!... Il n'a pas mission de sauvegarder la beauté... (Aux grisettes.) Vous pouvez allez vous coucher, sans vous commander...

LES GRISETTES. Bonsoir. (Elles sortent.)

JOLICŒUR, aux gardes-françaises. Et nous, camarades... éloignons-nous..., mais ne nous éloignons pas!...

CHŒUR.

Air des *Mousquetaires de la Reine.*

Si l'alarme est donnée
Nous reviendrons sans bruit,
Sur notre protégée
Veiller toute la nuit.

(Ils s'éloignent. — L'orchestre continue en sourdine.)

SCÈNE VII

MADELEINE, puis BRICOGNE.

MADELEINE, fermant la porte du fond. Voici le moment... sans doute... S'il allait ne pas venir?... Oh! pas de danger!... le monstre!...

BRICOGNE, paraissant au fond. Il fait joliment noir!...

MADELEINE. Le voici!... J'ai des battements de cœur!...

BRICOGNE, Il me semble entrevoir quelque chose!... (Il heurte le seau qu'il a déposé à terre.) Aïe!... C'est le seau que j'ai mis là... Allons, bon! J'ai les pieds tout mouillés.

MADELEINE, bas. C'est Bricogne!

BRICOGNE. Prunelle!... Est-ce vous?...

MADELEINE, déguisant sa voix. Oui. (Bas.) Le fâcheux!... Ah! il faut qu'il me serve à quelque chose!...

BRICOGNE. Enfin!... Je puis vous dire moi-même...

MADELEINE, passant à gauche. Pas maintenant... tout à l'heure... nous sommes trop près...

BRICOGNE, passant à droite. Oh! que pouvez-vous craindre?... L'amour le plus respectueux. (Il se heurte dans les tables.)

MADELEINE. Est plus respectueux encore, quand on le tient à distance...

BRICOGNE. A peine si je vous vois!...

MADELEINE. Je monte chez moi... Je me mettrai à la fenêtre et de là...

BRICOGNE. En Espagnol!... si j'allais chercher une guitare.

MADELEINE. Ne vous éloignez pas!... (Elle entre dans la maison.)

BRICOGNE. Non! non!... Une échelle vaudrait mieux! Prunelle... Elle n'est plus là!... (Il se heurte dans les tables de gauche.)

SCÈNE VIII

BRICOGNE, puis LÉON.

BRICOGNE. Je me sentais en verve... l'obscurité... M. Léon absent... Car, je l'accuse... peut-être à tort, mais il me semble que je n'ai pas grand sujet de me réjouir de l'avoir retrouvé à Paris! Après la mort de ce cher oncle Brizeux, je peux bien le dire maintenant, ça ne le fera pas mourir, après la mort de ce cher oncle Brizeux qui m'a laissé ses huit cents écus d'héritage... Ce qui m'a permis de voyager!... Non!... en semblant faire mes affaires il est bien capable de ne songer qu'aux siennes... Mais cette fois... il sera bien malin s'il m'empêche...

LÉON, paraissant au fond. Bricogne m'a quitté!... Est-ce qu'il s'émanciperait!...

BRICOGNE, heurtant Léon. Holà là!... Encore un seau.

LÉON. Eh! non!... C'est moi!..

BRICOGNE, à part. Lui!... toujours lui!

LÉON. Est-ce que vous partez?...

BRICOGNE. Mais je reviens...

LÉON. Bah!

BRICOGNE. Oui... oui... maintenant... Votre assistance m'est inutile...

LÉON. Vraiment?...

BRICOGNE. D'abord, elle est louche, votre assistance.

LÉON. Comment? comment?... Vous croiriez!...

BRICOGNE. Oh!... mais que vous ayez parlé pour vous ou pour moi... je puis m'en moquer!...

LÉON. Ah!...

BRICOGNE. Oui... oui... J'ai mon rendez-vous.

LÉON. Un rendez-vous?

BRICOGNE. Bien pour moi!... celui-ci... car vous n'étiez pas là...

LÉON. Bravo!... Contez-moi donc...

BRICOGNE. Non, non... je n'ai plus confiance... et je ne veux pas manquer ma quatorzième... Oui... la petite m'attendra à sa fenêtre... Je n'ai pas eu besoin de vous pour obtenir ce doux aveu... et quand j'aurai grimpé avec mon échelle... Vous serez bien malin si...

LÉON. Une échelle!...

BRICOGNE. C'est bon!... c'est bon. Je sais où en trouver une... Vous... voudriez tout savoir... et vous ne saurez rien de plus... (Il sort.)

SCÈNE IX

LÉON, puis MADELEINE à la fenêtre.

LÉON. Comment!... comment, cet imbécile de Bricogne... aurait obtenu?...

MADELEINE, paraissant à la fenêtre. Pst! pst!... Est-ce vous?... monsieur Léon?...

LÉON. Léon! Ah! je disais bien... c'est à moi qu'elle croyait parler!..

MADELEINE. Ce n'est pas vous?..

LÉON. Si! si!

MADELEINE. Je savais bien que vous reviendriez.

LÉON. Ma fuite ne t'a pas étonnée?

MADELEINE. Un peu!..

LÉON. Une contrariété!

MADELEINE. Et maintenant cela va mieux?..

LÉON. Oui, Prunelle... Oui... mais pour me remettre tout à fait.. Il faut que tu m'entendes.

MADELEINE. Je vous entends très-bien?

LÉON. Mais de si loin...

MADELEINE. Dans la nuit... On n'a pas besoin de parler haut.

LÉON. Parler... parler... Cela suffit-il?.. Ah! le long de ce treillage... (Il se dirige vers la maison.)

MADELEINE. Ne montez pas!.. sinon... je ferme la fenêtre.. Car je ne puis la laisser ouverte que pour mon mari!..

LÉON. Eh bien!.

MADELEINE. Vous serez le mien?

LÉON. Je te le jure!

MADELEINE. J'en serai bien plus certaine quand vous m'aurez donné?..

LÉON. Quoi donc?

MADELEINE. Cet anneau que tantôt j'ai vu à votre doigt..

LÉON. Mais comment puis-je te le donner d'ici?. Tu vois que ce bienheureux treillage..

MADELEINE. Non... si vous tombiez. (Elle laisse tomber une clef.) Ah! mon Dieu!

LÉON. Qu'as-tu!

MADELEINE. Ma clef!

LÉON. Ta clef!

MADELEINE. Qui vient de m'échapper! ne montez pas!

LÉON, cherchant et trouvant la clef. Au contraire!.. mais par l'escalier... C'est moins pittoresque... mais c'est plus sûr... Dansez avec le fils du bailli, madame Duvernay. Dansez... (Bricogne paraît au fond.) Ah! quelqu'un, Bricogne! au diable l'importun. (Il se cache derrière la maison de gauche.)

SCÈNE X

BRICOGNE, puis JOLICŒUR, BOUTON-D'OR, GARDES-FRANÇAISES.

BRICOGNE, entre et referme la porte derrière lui! Il porte une échelle sur son épaule. La voici! la voici!.. O Cupidon, toi que jusqu'à ce jour je n'ai connu que par les récits des poëtes.. Viens me tenir le pied... et prête-moi tes ailes pour arriver jusqu'aux vitres fortunées.. (Il applique son échelle contre le mur.)

JOLICŒUR, paraissant sur le mur à gauche. Que je vous dis avoir vu le particulier se glisser en tapinois une échelle sur l'épaule.. Hé!.. (Il descend dans la cour et va ouvrir la porte aux gardes-françaises qui attendent. Puis ils s'avancent en scène en observant. Ils s'arrêtent tout à coup en apercevant Bricogne sur le haut de son échelle.)

BRICOGNE. Là!. c'est solide!.. La fenêtre est restée ouverte.. Cet aspect redouble le feu de mon cœur... Pristi.. mes pieds sont encore mouillés... (Montant et appelant tout bas.) Prunelle! Prunelle!..

JOLICŒUR, lui mettant la main sur les mollets. Brusquement. Halte-là!

BRICOGNE, se laissant dégringoler. Oh! là là!

JOLICŒUR. Monter à l'échelle... à cette heure nocturne... que c'est le fait d'un voleur!.

BRICOGNE. Un voleur!.

BOUTON-D'OR. Ou d'un amoureux!.

BRICOGNE. Oh! pour celui-là!

JOLICŒUR. Que soit de l'un que soit de l'autre.. Tous les deusses nous sont suspects.

BRICOGNE. Mais mes intentions...

JOLICŒUR. On les passera à l'alambic demain au grand jour.. Mais jusque-là... (Léon revient en scène et se glisse près de la porte de la maison de gauche qu'il ouvre lentement.)

BRICOGNE, à part. Et Léon qui n'est pas là..

LÉON. Si! il y est. (Il entre dans la maison et referme la porte.)

BRICOGNE. Il est capable!.. Laissez-moi... voir là-haut.. si...

BOUTON-D'OR. Allons donc... marchons!..

BRICOGNE. Mais...

JOLICŒUR. Pas de mais! au violon!

SCÈNE XI

LES MÊMES, PRUNELLE.

PRUNELLE, une lanterne à la main, sortant de la maison. Au violon!... Qui donc?..

TOUS. Prunelle!

BRICOGNE. Elle!. ici!.. O Cupidon... Et je t'accusais..

PRUNELLE. Comment, monsieur Bricogne... c'est vous!..

BRICOGNE. Oui.. Prunelle!. c'est moi!.. J'étais fou!.. parce que l'autre.. mais vous voilà!.. J'obéis à la force des baïonnettes... Vous serez ma femme.. Prunelle!.. Je passerai la nuit la plus heureuse! Vous ici... tandis que l'autre.. Oh : nous serons mariés! Prunelle! J'en prends ces sbires à témoin. Qu'on me charge de chaînes, nous serons mariés! Qu'on m'enmène au poste, il n'y a pas de noces sans violon!. Suivez-moi! messieurs, suivez-moi!

JOLICŒUR. Que c'est un drôle de pierrot, tout de même; c'est lui qui a l'air de nous coffrer!

PRUNELLE. Ce pauvre monsieur Bricogne!. Enfin! ça l'a fait parler!..

ACTE TROISIÈME

Un petit salon : porte au fond, portes latérales, fenêtre, meubles, siéges, un clavecin, à droite, deuxième plan.

—

SCÈNE PREMIÈRE

BINET, BABET, VAUCANU, LENDORMI, Paysans, Paysannes, *arrivant successivement.*

CHŒUR.
Air : *Si j'étais roi* (AIR DE DANSE).
Ce qu'a dit le bedeau
Est-il vrai? fait-on le baptême?
Si longtemps tout de même
On n' tient pas les gens l' bec dans l'eau.

BINET. Là! c'est-y ben pour aujourd'hui le baptême de M. Bricogne fils?

VAUCANU. Il a déjà trois semaines, ce mioche-là...

LENDORMI. Tout autant...

BINET. C'est comme pour l'e'fant d'un duc ou d'un marquis... on a retardé la çarimonie.

BABET. Mais, nout' maître... pisqu'on voulait que la gisante soit remise pour être ed'sa personne au baptême!

BINET. Et v'là huit jours pleins que mame Bricogne est plus gisante...

VAUCANU. Et qu'all' trotte dans le pays comme un vrai lapin.

BINET. Ah! ce Bricogne!... a-t-il eu une chance!

LENDORMI. Ramener eune femme ed' Paris!...

VAUCANU. Et eun' femme de ce numéro-là, surtout!

BABET. Ça c'est vrai!... elle est ben accorte et ben avenaute!... madame Prunelle!

LENDORMI. Prunelle!... c'est un drôle de nom!

BINET. Un surnom qu'on y avait donné à cause de la qualité de son vin!... mais quelle femme!... gn'y a que lui pour ces veines-là!

BABET. Bah! laissez donc!... on va queuq'fois sarcher bien loin ce qu'on a sous la main... (Elle s'ajuste et lui fait des yeux en coulisse.)

BINET, à part. J'te vois venir, toi!... la Cacotte!... (Haut.) Sous la main!... Pas pour moi, toujours, qu'tu dis ça, la Cacotte?.. Je n' voyons rien!...

BABET, à elle-même. Il ne me voit pas!... et j'y crève les yeux!

LENDORMI, bas à Babet. C'est p'têtre pour ça!...

VAUCANU. Mais tout ça ne nous dit pas pourquoi qu'on n'a pas baptisé le pt'it Bricogne drès le lendemain que la maman pouvait se rendre à l'église...

BINET. Tenez!... voulez-vous que je vous le dise?...

TOUS. Oui... oui,..

BINET. C'te maison-ci... la propre maison à monsieur Lavoisier... elle est pleine de mystères...

LENDORMI. Quoi que c'est-y, ça, des mystares?...

BINET. Des choses qu'on ne sait pas...

VAUCANU. Alo rs, allons-nous-en.

BINET. Mais non! mais non... car j'peux vous l'dire tout de suite!... c'est le bedeau que j'ai rencontré... j'y parlais du baptême... j'y demandais... quand... Ah! qu'il m'a fait... ça dépend ed' monsieur Lavoisier... je sons toujours prêts, nous autres... mais l'y... il attend queut' chose... Bah! que j'y ai fait. — Oui, qui m'a refait... le bedeau... mais il a ajouté, j'ai entendu dire par monsieur le curé... ça s'ra quasi ben pour aujourd'hui... Là-dessus, j'sis venu demander si c'était vrai... les autres m'ont suivi, et nous v'là!...

VAUCANU. Aussi avancés qu'avant!

BABET. Comment... comment... pour le baptiser, le petit à Bricogne... c'est à monsieur Lavoisier qu'il faut demander...

BINET. Il paraît!... mystère!...

Air de *Fra-Diavolo.*
C'est un mystère!
Nous pouvons bien
Sur lui nous taire
No sachant rien.

(Reprise par tout le monde.)

SCÈNE II

LES MÊMES, BRICOGNE, puis M. LAVOISIER.

BRICOGNE, accourant et criant. Monsieur Lavoisier! monsieur Lavoisier!

TOUS. C'est Bricogne!

BRICOGNE. Tiens! qu'est-ce qu'ils font là, ceux-ci... (Recriant.) Monsieur Lavoisier! monsieur Lavoisier!...

LAVOISIER, entrant à droite. Ah! bon Dieu! quels cris!... ah! c'est vous... Bricogne!...

BRICOGNE, essoufflé. Oui, monsieur Lavoisier... vous savez ce que vous m'avez dit... Oh! j'ai couru... Dame!... c'est bien naturel...

LAVOISIER. Bah! Est-ce que?...

BRICOGNE. Oui... il est de retour... ça sera pour aujourd'hui!... je l'ai vu de loin... oh! je l'ai bien reconnu... il a la côte à monter... ça m'a donné le temps... mais tenez... le galop d'un cheval... c'est votre neveu!...

LAVOISIER. Le garnement!... nous le tenons donc!...

BRICOGNE. Est-ce que vous lui direz?...

LAVOISIER. Non, vraiment!... sa femme elle-même!... (Il remonte.)

BRICOGNE, à lui-même. Sa femme!... ah! ben! en v'là une rude à lui faire avaler!

BINET, aux paysans. Là, voyez-vous!... ils ont l'air de savoir...

BABET. Et nous ne savons pas...

BINET. Mystère!... mystère!...

LA CACOTTE. Ah! qué chance, j' sommes itou dans un mystère!

LÉON, en dehors. Mon oncle! mon oncle!...

LAVOISIER. Lui!

BRICOGNE. Je cours prévenir le bedeau et ma femme! (Il sort à droite.)

SCÈNE III

LAVOISIER, BINET, VAUCANU, LENDORMI, BABET, Paysans, Paysannes, LÉON.

LÉON, entrant. Mon oncle! où est-il?

TOUS. Monsieur Léon!

LÉON, allant à M. Lavoisier. Ah! le voici!. . Enfin!... j'ai pris un bidet de poste que j'ai surmené... j'en aurais crevé dix... Vous voici, cher oncle!... cela va donc mieux!...

LAVOISIER. Ça va d'autant mieux que ça n'a jamais été mal.

LÉON. Vous dites?...

LAVOISIER. Tout à l'heure nous t'expliquerons ça... (Aux paysans.) Maintenant vous voilà certains, vous autres, que la cérémonie a lieu aujourd'hui...

TOUS. Aujourd'hui!... Vive monsieur Lavoisier...

LAVOISIER. Allons, mes enfants!...

Air de *la Complainte du Pont des Soupirs.*
Il faut, en ce jour heureux,
Qu'à grands coups de din, don joyeux,
La cloche sonne, sonne.
TOUS.
Sonne, sonne, sonne, sonne!
LAVOISIER.
Quant à vous, sans marchander,
Chacun ce soir devra vider
Sa tonne, tonne, tonne.
TOUS.
Tonne, tonne, tonne, tonne!
LAVOISIER.
Aiguisez bien, mes amis,
Vos soifs et vos appétits;
Car la broche tournera,
Et le vieux vin coulera.
TOUS.
Aiguisons bien, mes amis,
Nos soifs et nos appétits;
Car la broche tournera,
Et son vieux vin coulera.
(Ils sortent.)

SCÈNE IV

LAVOISIER, LÉON, puis BRICOGNE.

LÉON, s'asseyant à la table de gauche. A présent que nous sommes seuls... vous allez me dire...

LAVOISIER. Pourquoi je t'ai fait écrire que j'étais dangereusement malade... qu'il y allait de ma vie?...

LÉON. Oui.

LAVOISIER. Franchement!... beau neveu... si je t'avais écrit de ma plus belle main : ta femme pleure ton absence...

LÉON. Pleure!...

LAVOISIER. Elle t'attend... reviens... qu'aurais-tu fait?

LÉON. J'aurais pris de suite la diligence.

LAVOISIER. Pour revenir plus vite?

LÉON. Pour m'en aller plus loin.

LAVOISIER. Je m'en doutais bien... j'ai donc eu raison d'user de cet innocent mensonge et de hâter ton retour... car maintenant que je te tiens...

LÉON. Maintenant que je vous ai embrassé... que je vous ai amnistié de votre ruse... je remonte sur mon bidet... s'il n'est pas fourbu...

LAVOISIER. Oh! tu lui laisseras bien le temps de manger l'avoine?

LÉON. Tout au plus!

LAVOISIER. Pendant que tu assisteras à la cérémonie...

LÉON. Encore!... Ah çà! j'arrive donc toujours pour trouver les cloches en branle et le village endimanché.

LAVOISIER. C'est que le village et les cloches te font fête, mauvais sujet, et sont heureux de ton retour.

LÉON. Tant pis.

LAVOISIER. Pourquoi?

LÉON. Parce qu'il leur faudra prendre le deuil de mon départ!

LAVOISIER. Oh! ton départ!... ton départ!... songe donc qu'on t'a attendu pour le baptême!

LÉON. Un baptême!... quel baptême?

BRICOGNE, entrant du fond. Celui de mon fils, monsieur Léon!

LÉON, se retournant. Bricogne!... comment... Bricogne père... Bricogne marié, par conséquent!...

BRICOGNE, se rengorgeant. Mais...

LAVOISIER, à part. Il a bien fait d'arriver. J'avais eu la langue trop longue. (Haut.) Cause un instant avec Bricogne... je reviens... car j'espère bien que tu ne partiras pas avant de m'avoir revu?

LÉON. Seul?...

LAVOISIER, après un instant d'hésitation. Seul. (Il sort par le fond.)

SCÈNE V

BRICOGNE, LÉON.

LÉON, riant en regardant Bricogne. Ah! ah! ah! ah!

BRICOGNE, même jeu. Ah! ah! ah! ah!

LÉON. Oh! ce bon Bricogne! marié!... enfin! il a trouvé une femme...

BRICOGNE. Mon Dieu oui!

LÉON. La quinzième... ou la dix-huitième!...

BRICOGNE. Plaît-il?

LÉON. Je n'étais plus là... heureusement pour vous!

BRICOGNE. Comment, heureusement?...

LÉON. Mais sans doute... je vous aurais peut-être encore coupé l'herbe sous le pied.

BRICOGNE. Quelle herbe m'avez-vous donc coupée?

LÉON. Vous vous rappelez... la gentille cabaretière.

BRICOGNE. De la Grappe-Dorée?..

LÉON. Juste.

BRICOGNE. Si je me la rappelle!... même que je vous ai dit : parlez pour moi.

LÉON. Confiance ingénue dont j'abusais...

BRICOGNE. Dont vous abusiez!...

LÉON. Pauvre garçon!... aller s'imaginer que l'on peut arler de l'amour d'un autre à une jolie femme!

BRICOGNE. Vous lui parliez?...

LÉON. De moi... mon cher ami... de moi... et j'ai tout lieu de croire...

BRICOGNE. Quoi?...

LÉON. Que j'étais le préféré.

BRICOGNE. Vous!... marié!...

LÉON. Oh! si peu!

BRICOGNE. Si peu! si peu!... assez cependant pour ne pas pouvoir l'épouser.

LÉON. Peuh!... ça n'était pas cela qu'elle demandait.

BRICOGNE. Pas ça!...

LÉON. Mais non... et quand elle m'a accordé ce rendez-vous...

BRICOGNE, riant. Ah! oui... parlons-en de ce rendez-vous... le beau venez-y voir!...

LÉON. Ça vous fait rire!

BRICOGNE. Si ça me fait... je vois encore le pied de grue qu'elle vous a fait faire!

LÉON. A moi! oh! c'est trop fort!... mais vous ignorez donc qu'à ce rendez-vous...

BRICOGNE. Vous n'avez trouvé personne...

LÉON. Personne!... ah! parbleu!... si je pouvais vous donner la preuve!...

BRICOGNE. La preuve! je ferai mieux... je vous donnerai un témoin...

LÉON. Un témoin!...

BRICOGNE, remontant au fond et regardant au dehors. Eh! le voici qui va vous certifier lui-même.

LÉON. Qui donc?...

BRICOGNE. Hé! pardieu!... ma femme!...

LÉON. Votre f...

BRICOGNE. Celle qui, selon vous... vous préférait à moi... La cabaretière de la Grappe-Dorée!...

LÉON, se retournant. Prunelle!... (A part.) Sa femme!... j'allais lui en dire de belles!... on avertit, dans ces cas-là!

SCÈNE VI

LES MÊMES, PRUNELLE.

BRICOGNE. Venez!... venez... chère amie... venez convaincre monsieur Léon!...

PRUNELLE, un peu troublée. Monsieur Léon!..

BRICOGNE. Qui prétend que...

LÉON, vivement. Rien! rien! je suis convaincu.

PRUNELLE. Que disait donc monsieur?...

BRICOGNE. Il disait...

LÉON. Que Bricogne était, madame, le plus heureux des maris...

PRUNELLE. Mais j'y tâche, monsieur... car il m'a appris à distinguer l'amour vrai de l'amour faux...

LÉON, à part. Ceci est à mon adresse.

BRICOGNE, à part. Il lui en contait, décidément.

PRUNELLE. Et puisque je me dis la plus heureuse des femmes... il est tout naturel qu'il puisse être... lui... le plus heureux des maris...

BRICOGNE. Et des pères!... ma femme!... ajoute ceci... et des pères!...

LÉON. Et des pères... cela va sans dire... (A part.) Mais elle a un petit air de me narguer. (Haut.) Et c'est aujourd'hui la cérémonie du baptême?

BRICOGNE. Oui.

LÉON. Et on m'attendait pour cela?..

PRUNELLE. C'est votre oncle qui a voulu...

BRICOGNE, à part. Faire les deux ensemble.

LÉON. Mais mon oncle a eu une excellente idée...

BRICOGNE. Ah! Il aurait pu en avoir une meilleure.

LÉON. Laquelle?

BRICOGNE. Vous auriez dû être le parrain de cet enfant-là.

LÉON, à Prunelle. Est-ce votre avis, madame?

PRUNELLE. C'eût été un grand honneur pour nous, monsieur.

LÉON bas. Et pour moi.

BRICOGNE. Ah! certainement. (Il passe au milieu.)

Air : *J'ai vu le parnasse des Dames.*
Un parrain, c'est un second père,
Alors, mon fils, c'est peu commun,
Si l'on vous eût fait mon compère,
Aurait eu deux pères pour un.

LÉON.
Deux!

BRICOGNE.
Dam' vous et moi, ça doit faire :
Un et un...

LÉON.
Calcul peu douteux,
Bien qu'assez souvent, cher compère,
Un et un n' fass'nt pas toujours deux (*bis*).

BRICOGNE. Hein! plaît-il?. Vous dites..

LÉON. Je dis à madame que, très-sincèrement, je suis charmé de son bonheur!.. (Il prend la main de Prunelle.)

PRUNELLE. Monsieur!

LÉON, bas en lui regardant la main. Ah! Vous ne le portez pas?...

PRUNELLE. Plaît-il?

LÉON. Je conçois cela!. mariée maintenant.. Vous me le rendrez!..

PRUNELLE. Quoi donc?..

LÉON. Puisque vous ne le portez pas!..

PRUNELLE. Mais.. je...

BRICOGNE, se jetant au milieu d'eux. Pardon.. pardon.. Mais je ne serais pas fâché de savoir ce que vous pouvez avoir à dire...

LÉON. Je faisais votre éloge..

BRICOGNE, prenant sa femme par le bras. Comme autrefois!..

LÉON. Ah! ce serait inutile!..

BRICOGNE. Nos foins sont rentrés... Il n'y a plus d'herbe à couper...

PRUNELLE. Comment?.. Serais-tu jaloux?..

BRICOGNE. Pourquoi pas!

LÉON, bas. Ce serait plutôt à moi de...

PRUNELLE, à Bricogne. Tu aurais tort!

BRICOGNE. Sans doute!.. J'aurais tort... parce que les préférences... Il en est dont on se vante et qui n'ont pas toujours leur raison d'être... Je le sais bien... Mais... c'est égal.. Viens, Prunelle, viens... Ça n'est pas agréable de s'entendre dire... de ces choses-là,.. et de ne pas entendre celles... qu'on aurait peut-être besoin de savoir... (A part.) Il m'a fourré martel en tête... Je ne suis plus si sûr de son pied de grue.. heureusement, je suis vengé d'avance... et quand il apprendra... (Haut.)

Je voudrais bien savoir, madame Bricogne, ce qu'il vous a demandé tout bas?...

PRUNELLE. Mais. Je ne sais pas, mon ami.. Je n'ai pas compris ?..

BRICOGNE. Nous verrons.. nous verrons!. (A part en s'en allant.) Allons, allons, je ne le plains plus... car, décidément... son pied de grue... Je n'en mettrais pas ma main au feu!... (Ils sortent.)

SCÈNE VII

LÉON, seul. C'est à peine si elle s'est troublée... je pourrais même dire... qu'elle ne s'est pas troublée du tout, et cependant.. en pareille circonstance... nous ne serions pas si forts nous autres hommes!. Oh les femmes!... les femmes!.. (Il remonte au fond et regarde à droite.) Eh! mais.... j'en aperçois une de ce côté... Oh! la charmante tournure!.. Ce n'est pas Madeleine qui aurait cette distinction... Sa tête est penchée... je ne puis voir ses traits.. Elle vient de ce côté!.. Bonté du ciel!... mais c'est elle!.. c'est ma femme!.. (Il se tient à l'écart.)

SCÈNE VIII

LÉON, MADELEINE.

MADELEINE, allant se mettre au clavecin. Il faudra que je prie mon oncle de faire mettre ce clavecin dans ma chambre.

LÉON, à part. Elle est bien changée à son avantage.

MADELEINE. C'est si gênant quand je veux étudier... Voyons donc un peu cette romance...

LÉON, à part. Elle chante la romance!.

MADELEINE. Il y a des passages où je ne mets pas assez d'expression. (Elle prélude.)

LÉON. Eh mais!.

MADELEINE.
Air nouveau de M. EUGÈNE MONIOT.
Pourquoi tout bas
Me dire : mon cœur vous adore?
Je ne dois pas
Interroger le mien, hélas!
Il est à vous,
Mais je ne suis pas libre encore
Un œil jaloux
Peut vous surprendre à mes genoux.
Partez, partez!
Je garde en mon âme oppressée,
Les voluptés,
De ces beaux jours tant regrettés.
Cher exilé (ter).
Vers vous s'envole ma pensée
Le cœur troublé
Je vous suis d'un regard de pleurs voilé.

LÉON, s'approchant d'elle. Bravo! bravo! madame!

MADELEINE, bas, la main sur son cœur. Comme c'est heureux que j'aie été prévenue!.. (Se retournant très-tranquillement.) Vous! vous monsieur?.

LÉON. Moi-même!

MADELEINE. Vous qui avez juré de ne jamais me revoir?

LÉON. Oui.. mais.. je ne vous ai pas reconnue.

MADELEINE, se levant, Ah! je comprends... Quand vous avez été certain que c'était moi...

LÉON. Il était trop tard.

MADELEINE. Vous m'aviez revue.. le serment était parjuré.. et vous vous dites... Bah!.. puisque je l'ai revue sans le savoir... un peu plus... un peu moins.. et ça ne vous irrite pas?...

LÉON. Au contraire, Madeleine, vous me jetez dans le ravissement.

MADELEINE. Et de quoi donc?

LÉON. De ce que je viens d'entendre... votre chant...

MADELEINE. Vraiment!... c'était bien!...

LÉON. Adorable.

MADELEINE. Tant mieux!... C'est une ariette que je dois chanter demain chez le bailli.

LÉON. Ah! ce fameux bailli!... avec le fils duquel vous dansez...

MADELEINE. Vous savez!...

LÉON. Oui.

MADELEINE. J'en suis fort aise...

LÉON. Et vous chantez, maintenant.

MADELEINE. Tout le contraire de la cigale.

LÉON. Pourquoi ce ton railleur?...

MADELEINE. Moi!... pas du tout!... Voulez-vous donc que je me punisse d'une faute qui n'était pas la mienne!

LÉON. Non! mais!...

MADELEINE. On nous a mariés... Oh! je ne rougis pas d'avouer que j'en étais bien heureuse...

LÉON. Et aujourd'hui?...

MADELEINE. Oh! ce n'est pas d'aujourd'hui que j'ai compris votre colère. Une petite paysanne... fille d'un ouvrier... ne

sachant que lire... tout au plus... trop cependant... Il eût mieux valu pour moi ne pas connaître cette lettre cruelle sur laquelle j'ai tant pleuré...

LÉON. Eh! quoi, Madeleine, ces yeux charmants dans lesquels ne devaient briller que la joie et le plaisir... ces yeux ont versé des larmes...

MADELEINE. Oh! pendant six semaines!

LÉON. Six semaines!...

MADELEINE. Oh! peut-être moins... vous savez... je n'ai pas compté... Un jour, je me suis regardée au miroir... j'ai trouvé mes yeux rougis... c'était fort laid. Je n'ai pas pleuré depuis ce temps-là...

LÉON. Votre langage devrait exciter ma colère...

MADELEINE. Votre...

LÉON. Eh bien... non!... cette ironie est une grâce de plus... Vous me punissez de ma fuite coupable... vous me punissez de vous avoir méconnue, vous avez raison... raillez... raillez-moi... mais après... pardonnez... pardonne... Chère Madeleine à ton amant... à ton mari...

MADELEINE. Pardonner!... tout de suite... comme cela...

LÉON. Tout de suite!... mais il y a trois ans que nous sommes séparés...

MADELEINE. Trois ans... oh! non!...

LÉON. Mais je t'assure...

MADELEINE. Oh! non!... vous devez vous tromper...

LÉON. Qu'importe!... Tu es à moi... tu es ma femme... tu es mon bien... et quand, à ces attraits que j'ai pu outrager... se joignent tant de talents et de grâces...

MADELEINE. Votre serment!

LÉON. Bah!... mon serment!... il est endommagé!... Un peu moins, un peu plus, qu'il disparaisse complétement.

MADELEINE. Léon!

LÉON. Dis-moi que tu m'as pardonné! Dis-moi que tu m'aimes!...

SCÈNE IX.

LES MÊMES, BRICOGNE.

BRICOGNE, entrant brusquement. Oh! pardon!

MADELEINE, sortant vivement. Ah!

LÉON. Bricogne! que le diable vous emporte!.

BRICOGNE. Pardine!... si j'avais su... mais je ne pouvais me douter... Vous!... à ses genoux... j'aurais cru, au contraire...

LÉON. Oh! je la retrouverai... car je reste!... Au diable le départ!...

BRICOGNE. Ah! vous ne maudissez plus votre oncle!...

LÉON. De m'avoir trompé!... Non... certes... je suis trop heureux!...

BRICOGNE. Heureux!... votre femme vous a donc fait entendre raison?...

LÉON. Dites qu'elle me l'a fait perdre et que jamais époux plus aveugle ne fut possesseur d'un plus rare trésor.

BRICOGNE. Bah!... c'est si rare que ça!

LÉON. Mais je réparerai mes torts!...

BRICOGNE. Le fait est qu'il y a un peu de votre faute!..

LÉON. N'est-ce pas?... beaucoup de ma faute!

BRICOGNE. J'aime à vous voir ces sentiments généreux, (A part.) Ce pauvre enfant n'en est pas la cause!

LÉON. Oh! nous sommes tous vraiment injustes envers les femmes!...

BRICOGNE. Quelquefois!... quelquefois!...

LÉON. Nous sommes volages... inconstants... infidèles!...

BRICOGNE. Tout cela!... tout cela!...

LÉON. Et il nous faudrait encore les larmes et le désespoir de la femme trahie!...

BRICOGNE. Ah! bien... non... c'est trop!...

LÉON. Madeleine a pris la route opposée!... elle a bien fait!

BRICOGNE. Ah!

LÉON. Elle est devenue la plus séduisante des femmes... et je serai... comme vous, Bricogne... le plus fortuné des maris!...

BRICOGNE. Et des pères?...

LÉON. Et des pères, parbleu!...

BRICOGNE. Ah! vous ne pouvez vous figurer... combien je suis content de vous entendre... parce que... on se dit parfois... Comment diable va-t-il prendre ça!... ce n'est pas sa faute, pas vrai... à ce pauvre enfant!...

LÉON. Un enfant!... Quel enfant?...

BRICOGNE. Eh! pardieu!... celui... qu'on baptisera dans quelques minutes!...

LÉON. Votre fils!

BRICOGNE. Non! le vôtre!

LÉON. Le mien! comment... Vous savez?...

BRICOGNE. J'étais dans la confidence!

LÉON. Qui vous y a mis?...

BRICOGNE. Ma femme!

LÉON. Prunelle!

BRICOGNE. Elle n'a rien de caché pour moi!...

LÉON. Je m'en aperçois!... Que voulez-vous, mon pauvre Bricogne!... C'est fait...

BRICOGNE. C'est fait.

LÉON. Aller le crier par dessus les toits...

BRICOGNE. Ce serait bête...

LÉON. Quand ce secret est versé dans le sein d'un ami...

BRICOGNE. D'un véritable ami...

LÉON. Il garde le silence!...

BRICOGNE. Et personne ne se doute.

LÉON. Et je vous prie de croire que jamais de ma part une indiscrétion.

BRICOGNE. Tiens!... parbleu!...

LÉON. J'aurais désiré même vous voir ignorer...

BRICOGNE. Oh! vous!... C'est moi!...

LÉON. D'ailleurs... A présent elle vous aime...

BRICOGNE. Hein!

LÉON. Elle vous aime sincèrement.

BRICOGNE. Qui donc?

LÉON. Prunelle!

BRICOGNE. Prunelle!

LÉON. A laquelle je redemandais tout à l'heure cet anneau.

BRICOGNE, à part. J'ai des bluettes. (Haut.) Un anneau! Quel anneau!

LÉON. Gage de ma foi!... dont elle n'a que faire et qu'elle peut me rendre, puisqu'elle était maîtresse de son secret...

BRICOGNE. Son secret... Je vois jaune maintenant.

LÉON. Et qu'elle vous l'a avoué!

BRICOGNE. Mais elle n'a rien avoué du tout, la malheureuse!...

LÉON. Comment!

BRICOGNE. Je ne parlais pas d'elle!

LÉON. De qui parlez-vous donc?

BRICOGNE. Hé! de votre femme... parbleu!

LÉON. De Madeleine?

BRICOGNE. Et de son enfant!

LÉON. Son enf!...

BRICOGNE. Qu'on doit baptiser en même temps que le mien... que je ne sais plus... avec vos histoires de Prunelle! de rendez-vous! d'anneau! de préféré... Je passerai ma vie à me demander si je suis père ou non.

LÉON. Madeleine!... un enfant!... Oh! c'est impossible!

BRICOGNE. Impossible!... Eh bien... tenez... (Les portes du fond s'ouvrent ; paraissent Lavoisier, Madeleine. Les paysans sont groupés derrière eux ; Binet, Vaucanu, Lendormi, Babet, Prunelle.)

SCÈNE X

LES MÊMES, TOUS LES PERSONNAGES.

LAVOISIER. Léon!... nous n'attendons plus que toi pour le baptême!

LÉON. Mon oncle! Lui!... d'accord avec elle!...

LAVOISIER. Ah! mon Dieu!... Quel air singulier!...

MADELEINE, à part. Le moment approche.

PRUNELLE, à Bricogne. Mon ami, tu as une drôle de mine.

BRICOGNE. Vous trouvez?

LAVOISIER, à Léon. Parleras-tu?

LÉON. Mon oncle, il faut que l'on ait bien compté sur ma sagesse... sur ma prudence.

LAVOISIER. Qu'entends-tu par là.

LÉON. Oh! vous devez me comprendre... aujourd'hui... comme au jour de cet odieux mariage... je me trouve là tout porté pour sauver l'honneur de cette...

LAVOISIER. Léon.

LÉON. Me direz-vous encore que le mien est engagé?

LAVOISIER. Ah çà! mais le ciel me confonde si je sais ce que tu veux dire... Tu es marié, tu es père; quoi de plus simple?

LÉON. Oh! ces liens maudits, je saurai les rompre, et quant à cet enfant.

MADELEINE, très-simplement. M'accorderez-vous la grâce de m'écouter, monsieur?

LÉON. Vous écouter... Oh! je le puis sans rien craindre. Vos charmes ne pourront rien sur ce cœur que votre indignité vous ferme à jamais.

MADELEINE. Oh! mais, je ne demande pas à vous séduire; un mot d'explication... voilà tout.

LÉON. C'est incroyable!... un calme aussi parfait.

LAVOISIER, aux paysans. Mes amis, laissons causer un instant les deux époux, la cérémonie n'est que retardée... allez, allez.

BINET. V'là un baptême qu'a de la peine à se consommer. (Ils disparaissent.)

PRUNELLE. Viens-tu, Bricogne?

BRICOGNE, bas. Vous rendrez l'anneau, n'est-ce pas?

PRUNELLE. L'anneau!

BRICOGNE. Puisque vous ne le portez pas.

PRUNELLE. Lui aussi!... Ah! c'est trop fort. (Tout le monde est sorti.)

SCÈNE XI

LÉON, MADELEINE.

LÉON. Vous avez fait éloigner tout le monde, madame, vous n'aviez cependant à redouter aucun scandale?

MADELEINE. Du scandale.

LÉON. Vous portez mon nom... jusqu'à ce qu'il me soit permis d'être libre, il est le vôtre... et pour moi-même...

MADELEINE. Oh! je vous remercie de cette délicatesse.

LÉON. D'ailleurs, le mépris étouffe la colère.

MADELEINE. Le mépris.

LÉON. Oui... je sais tout ce que vous alléguerez pour vous justifier... mon abandon.

MADELEINE. Bien cruel.

LÉON. Supporté si patiemment toutefois!...

MADELEINE. J'avais l'espoir qu'un jour... je pourrais accomplir le programme tracé par votre lettre... Je ne serai véritablement votre époux, y dites-vous, que lorsque vous m'aurez donné un jour le bonheur d'embrasser mes enfants!

LÉON. Et alors... oh! c'est d'une audace inouïe...

MADELEINE. Que voulez-vous?... j'y pensais nuit et jour... Je vous en défie, disait encore la lettre... car vous ne me reverrez jamais... Il fallait bien la forcer à mentir!...

LÉON. Plaît-il?...

MADELEINE. En rêve!

LÉON. Ah!

MADELEINE. Oh! vous n'aviez ni ce regard irrité... ni ce front soucieux... Vous étiez tendre... amoureux enfin!... Le lieu de la scène... oh! c'est un peu confus dans ma mémoire... Je me souviens cependant d'un jardin... d'un cabaret... une enseigne brillante... il fait nuit... j'ai pris la place d'une autre... dont vous sollicitiez un rendez-vous coupable!...

LÉON, à part. Que dit-elle?...

MADELEINE. Je suis à une fenêtre... vous voulez y grimper... je m'effraie... la clé de ma chambre tombe!...

LÉON. C'est moi qui rêve!...

MADELEINE. La scène change alors... vous êtes à mes genoux... il fait encore plus nuit... heureusement pour vous... qui aviez juré de ne jamais me revoir... mais vous ne me voyez pas... vous croyez toujours que c'est l'autre... L'émotion déguise ma voix que vous ne reconnaissez pas non plus... je refuse de croire à vos serments... d'amour... j'en demande un gage... cet anneau que j'ai vu briller à votre doigt... vous ne pouvez me refuser... De votre main, cet anneau passe dans la mienne, et alors... tout disparaît... tout s'efface... je me réveille... je suis seule... et chose étrange... je retrouve à mon doigt votre anneau reçu en songe. Il ne me quitte plus... je le conserve précieusement comme un témoignage de cet amour dont on ne me croit plus digne et... (Lui présentant un anneau.) Le voici!...

LÉON, lui prenant la main. Le voici!... oui... c'est bien lui... Comment?... c'était toi!...

MADELEINE. En êtes-vous fâché?...

LÉON. Oh! peux-tu croire?... Madeleine!... ma femme!...

MADELEINE. Ah! dame, votre femme... je crois... que oui... et quoi qu'en dise la lettre...

LÉON. La lettre! la lettre est absurde... comme celui qui l'a écrite! oh! venez... venez tous.

SCÈNE XII.

LÉON, MADELEINE, LAVOISIER, BRICOGNE, PRUNELLE, BINET, BABET, LENDORMI, VAUCANU, PAYSANS, PAYSANNES.

LAVOISIER. Eh bien?... Léon?...

LÉON. Eh bien, mon oncle!... je suis le plus heureux des hommes... Bricogne!...

BRICOGNE. Prunelle m'a tout expliqué!...

LÉON. Alors!... allons baptiser nos enfants.

Air de *la Ronde*.

MADELEINE.

Au joyeux cabaret,
Il vous souvient peut-être,
De la nuit qui vit naître
Notre bonheur complet.
Tout le village en chœur
Fête un double baptême ;
Il en est un troisième
Qui nous tient plus au cœur.
Arbitres souverains
Des destins dramatiques,
Accueillez nos suppliques,
Et soyez nos parrains.
Répétez, répétez (*bis*)
Répétez nos gais refrains, } (*bis*)
Chers parrains.

LAGNY. Imprimerie de A. VARIGAULT.